GLAC edições & n-1 edições

Não Existe Revolução Infeliz

por um comunismo destituinte

Marcello Tarì

tradução
Andrea Piazzaroli

7	preâmbulo
18	O mundo ou nada
37	Um outro pensamento sobre a guerra
50	**Greve destituinte I** Justiça × direito
57	**Greve destituinte II** "No future for us"
77	**Greve destituinte III** Revolta contra a metrópole
88	**Greve destituinte IV** O *Nomos* da Comuna
109	A frente do byt (Bolchevismo destituinte)
120	**Interrupção I** "Não existe amor infeliz"
127	**Interrupção II** Para salvar a tradição é preciso interrompê-la
138	**Interrupção III** Destituir tudo, até a revolução
145	**Interrupção IV** O cessar heroico: uma época para a revolução
157	**A insurreição destituinte**
191	**Um horror admirável**
198	sobre o autor

preâmbulo

*Quando será consertado o mundo
do avesso?*[1]

— Franz Kafka a Milena Jesenká Pollak

Como uma época se torna uma Era, e dela nasce um novo Éon?
Ou ainda:
Como uma revolta se transforma em uma insurreição, e esta em uma revolução?

Há séculos que as gerações se confrontam com essa questão irresoluta e sempre inevitável. Pode-se dizer que revolucionários nascem no momento que os indivíduos se colocam aquela questão e começam, junto com outros, a elaborar respostas. É uma batalha mundana e espiritual que já deu vida a experimentações audazes e aventuras estupendas, as quais — é verdade — em sua grande maioria foram derrotadas. Ademais, muitas lutas terminaram por causa do abandono daquele que questiona. A astúcia da História sempre leva vantagem sobre o escândalo da verdade. Por isso, Franz Kafka dizia que, para os movimentos espirituais revolucionários, os quais são sempre movimentos contra a História, é como se nada tivesse acontecido ainda. Não obstante, ou talvez por isso mesmo, aquela questão sempre ressurge das ruínas do tempo, intacta.

Chegados ao fim de uma civilização — a nossa, qual outra poderia ser? —, a interrogação é carregada de urgência, veste um caráter inadiável, fica mais bem contextualizada, torna-se

---

1 N. da T.: Há algumas edições em português do volume *Cartas a Milena*, entre elas a da editora Garnier, de Belo Horizonte, lançada em 2000. Esta é a frase inicial da carta escrita em Merano, sexta-feira, 11 de junho de 1920.

a reflexão silenciosa de uma inquietude sempre mais difundida. Afinal, são perguntas simples, repetidas muitas vezes, de lugares distantes entre si. Como pôr fim a um domínio que não quer terminar? Como acabar com a miséria de uma existência cujo significado nos foge por todos os lados? Como encerrar este presente, cuja planta arquitetônica parece a de uma cela capaz de conter uma população inteira? Como extinguir uma catástrofe que já não pode avançar, pois está em toda parte e começou a escavar sob os pés do anjo da história? Enfim, e sobretudo: como mover o eixo do mundo, orientando-o sobre a abscissa da felicidade? A resposta é inseparável da pergunta, a qual deve permanecer imóvel, porém aberta ao uso de quem a sinta aflorar dentro de si. A verdadeira doutrina consiste somente em perguntas, afirmava o historiador da Cabala. Então, a resposta se inscreve na existência, quando esta coincide integralmente com a pergunta.

Nestes tempos, todavia, parece que é o próprio mundo, já exausto, a nos propor o questionamento antes de abandonar a cena. Exausto porque consumou todas as suas possibilidades — de agora em diante, só o impossível conta. A História, quando se aproxima do fim, torna-se imensamente pesada de suportar, e já tem algum tempo que o seu progredir significa somente a intensificação da sua catástrofe. A verdade, sepultada sob enorme quantidade de destroços do progresso, é que nunca existiu um mundo como o do nosso presente, recluso no quadrinômio Ocidente-Modernidade-Democracia-Capitalismo, e sim uma Terra que jamais parou de se modificar em uma multiplicidade de mundos. Mundos que aparecem unificados na separação e hierarquização da cibernética, do capital, da metafísica, do espetáculo.

Não faz muito tempo, havia a possibilidade, ainda que subalterna, de nomear a pluralidade dos mundos. Mas o mundo atual, que se representa como uma unidade de sentido singular e única, eliminou do regime discursivo dominante, até mesmo as modernas definições políticas de segundo, terceiro ou quarto mundo — exatamente como fez com as classes: um só mundo, aquele do capital, e uma só classe, a burguesia planetária. Ora, aquele mundo *único*, aquela concreta abstração que nega a existência a todos os outros mundos — em uma palavra, "a civilização" —, é precisamente o que está ruindo sob o peso do seu catastrófico triunfo. Converter este colapso, esta catástrofe triunfal, esta impossibilidade, na redenção de todos os mundos é a aposta dos revolucionários. Vencer aquele único mundo antes que colapse ruinosamente sobre a humanidade, no fundo, seria a única maneira racional de confrontar a vontade frenética de apocalipse do Ocidente.

Os revolucionários são os militantes dos fins dos tempos, operam dentro dessa temporalidade para a realização de uma felicidade profana. Mas é necessário ter consciência de que a exaustão das possibilidades deste mundo também significa o esgotamento das ações políticas que viviam nele. Uma identidade política que, como este mundo, tenha exaurido todas as suas possibilidades deve ser destituída, ou então continuará a existir como um semimorto, como um zumbi. Assim, para agarrar o impossível, parece que não resta outra alternativa se não modificar aquela forma de vida especial, aquela máscara que foi a militância revolucionária moderna, da qual restam na memória apenas estilhaços, fragmentos, ruínas. Uma experiência sobre a qual falta fazer toda uma ontologia histórica. Por isso mesmo, a atual relação com ela é a de um luto não resolvido. Os *K-way neri*,[2] que se tornaram uma presença constante em toda manifestação em que acontece alguma coisa, parecem estar ali justamente para recordar esse luto ao resto do cortejo.

Mas, atenção: não se trata de ir *contra* a militância, cuja história merece todo nosso respeito, e sim adotar a estratégia paulina do "como não" — que os militantes sejam *como não* militantes. Escreve Giorgio Agamben: "O 'como não' é uma deposição sem abdicação. Viver na forma do 'como não' significa destituir toda propriedade jurídica e social, sem que esta destituição funde uma nova identidade".[3] Em primeiro lugar, isso significa liberar quem vive numa forma que o obriga a ser *alguém*, ou ainda, a viver *como se* fosse alguma outra coisa, algo que seria mais verdadeiramente presente, porém colocado como um fim exterior. Já para o militante, viver no "como não" significa escolher o encantamento que o quer investido em um *dever infinito* e em uma *entrega absoluta*.

---

2 N. da T.: Original, em italiano. *Gilets noirs*, em francês.

3 N. da E.: Giorgio AGAMBEN. *O uso dos corpos*. São Paulo, Boitempo, 2017, p. 306

Máscara e face não podem mais ser sobrepostos e separados a bel-prazer, se não se quer repetir a tragédia dos revolucionários de profissão que Bertold Brecht põe em cena com "A decisão" em 1930;[4] afinal, já sabemos que não há rosto que não seja máscara, decidir a qual ser fiel cabe a cada um. Tanto os militantes do partido quanto o jovem companheiro protagonista daquela peça estavam errados: uns porque estavam cegos pela ideologia e o outro porque era de um sentimentalismo voluntarista. Ainda que aquela época possa ser pensada como uma magnífica tragédia, para nós, a "linha de conduta" não pode mais ter a pretensão de ser reta ou governada por uma série de "disposições" e "medidas"; em vez disso, ela faz uma curva muito peculiar, espiralada, dobra-se em direção ao centro e ao mesmo tempo para fora, sem fim, sem cume como a torre de Tatlin.

Não há nenhuma necessidade, portanto, de fugir da própria vocação. Da militância, diria o filósofo, pode-se "fazer uso", pondo-a em tensão com a temporalidade revolucionária e desativando sua inclinação a se tornar uma identidade tirânica, uma forma separada da vida, o fio condutor de uma substância moral da qual procedem as suas gesticulações, os seus comportamentos tão facilmente separáveis do sujeito que os opera. "Vocês não são mais vocês mesmos [...] são folhas em branco sobre as quais a revolução escreve as suas instruções",[5] diz o escritório central aos agitadores, no drama didático de Brecht; a revolução sempre significou a destituição das identidades atribuídas a nós por este mundo, e continua a sê-lo, mas o militante não pode ser a quintessência da política dos meios por um fim, um corpo e uma voz que se tornam *instrumentos* através dos quais se determina a vontade progressiva da História; uma vanguarda externa, sobretudo a si mesma, ou seja, externa à própria vida e à dos outros. De fato, na reescrita que Heiner Müller fez daquele drama, quarenta anos mais tarde, com o seu *Meuser*,[6] a atividade do

---

4　N. da E.: Bertold BRECHT. "A decisão", em *Bertold Brecht — Teatro Completo*, v. 3 (Rio de Janeiro, Paz e Terra, 1988) pp. 233-266.

5　Ibid., p. 241.

6　N. da E.: Peça de 1970. Heiner MÜLLER, *Quatro textos para teatro: Mauser, Hamlet-máquina, A missão, Quarteto*. Apresentação Fernando Peixoto. Trad. Fernando Peixoto e Reinaldo Mestrinel (São Paulo, Hucitec; Associação Cultural Bertolt Brecht, 1987).

militante — ou seja, assassinar os inimigos da revolução — é vista pelo que realmente havia se tornado: um *trabalho*, ou seja, a própria revolução se torna um modo de produção de inimigos.

Portanto, no devir revolucionário, é a si mesmo que cabe destituir o Eu junto com a realidade inimiga. Ao mesmo tempo, a autodestituição do militante envolve consentir na deposição da própria identidade social, desativar o dispositivo da ideologia e empunhar a potência daquela máscara, daquele modo singular de existir que é a militância — que é uma forma de vida que se desenvolve expondo uma relação específica consigo e com o mundo, que se funda na fidelidade a uma verdade, a verdade de um encontro que uma pessoa faz na própria vida, não com indivíduos, nem com uma ideia, mas com uma força. Para os revolucionários, um verdadeiro encontro é aquele que não só faz existir uma amizade política através dessa força, mas o que oferece a qualquer um a possibilidade de entrar em contato consigo mesmo e, então, tomar uma decisão sobre a própria vida, junto com outros. Falando a língua das primeiras comunidades cristãs, diremos que quem teve aquele encontro recebeu a *graça*, ou ainda, a *potência*. Potência de ser nada, ou seja, tudo. Nada e tudo são a verdade daquela máscara.

A imagem daquela estranha figura do militante vivo *como não* militante poderia parecer quase incompreensível na dialética singular que habita entre o interno e o externo do próprio ser. De fato, Paulo de Tarso, no capítulo dedicado à graça na segunda carta aos Coríntios, articula a descrição da vida dos componentes da sua comunidade deste modo: "[...] em tudo recomendamo-nos a nós mesmos como ministros de Deus; na muita paciência, nas aflições, nas privações, nas angústias, nos açoites, nas prisões, nos tumultos, nos trabalhos, nas vigílias, nos jejuns [...] como enganadores e sendo verdadeiros; como desconhecidos e, entretanto, bem-conhecidos, como se estivéssemos morrendo e, contudo, eis que vivemos; como castigados, porém não mortos; entristecidos, mas sempre alegres; pobres, mas enriquecendo a muitos; nada tendo, mas possuindo tudo".[7] Se esta última frase, com toda evidência, retornaria séculos depois no

---

7 N. da E.: 2 Coríntios 6, 4-10. *Biblia Almeida Revista e Atualizada*, 1993. Disponível em: https://www.bibliaonline.com.br/ara/2co.

famoso verso da Internacional, "Nós que não somos nada, seremos tudo", só podemos dizer que Paulo é mais convincente, na sua insistência sobre a atualidade integral da potência, do que o "seremos" do hino proletário. Além disso, a parte da frase traduzida do grego paulino normalmente como "quem não tem nada" (ὡσ μηδεν) evidentemente retoma o ὡσ μη, ou seja, o *como não*, portanto, poderia ser melhor traduzida como "gente que é como não tendo nada"; quer dizer, pessoas que depõem todos os seus pertences e neutralizam toda sua identidade para permanecerem si mesmas. Ao mesmo tempo, o verbo usado por Paulo na segunda parte da frase, κατέχοντες,[8] significa também "segurar", "conservar", "manter firme" e "habitar" — significados que parecem mais consoantes do que aquele normalmente usado nas traduções correntes da epístola ("possuímos") e que nos dão a possiblidade de pensar de maneira diferente da usual, ao menos nesse caso específico, a função *catecôntica*[9] singular da figura à qual nos referimos aqui. Exatamente por serem pobres, destituídos de toda e qualquer posse e identidade, têm a força de possuir consigo todo o resto, de conservar a verdade, de manter firme seu propósito e habitar plenamente uma forma de vida.

Marx, para quem o proletário se torna político, a potência liberadora da humanidade inteira, justamente ali onde não há nada, talvez concordasse com um ligeiro aceno de cabeça. "Gente que é como não tendo nada" não se refere, evidentemente, somente aos bens materiais, mas aos predicados e qualidades valorizados socialmente que parecem enriquecer o indivíduo, enquanto, na verdade, não fazem mais do que o distanciar de si mesmo e da potência, entregando-o à alienação de uma forma de coletividade qualquer, sem alma, pois é incapaz de conduzir

---

[8] N. da T.: Traduzido na edição portuguesa da *Bíblia Almeida Revista e Atualizada* por "possuindo". Em grego, a pronúncia do termo é *katechontes*.

[9] N. da T.: O termo *catecôntico* se refere à palavra κατέχον ("cathecon"), e aparece utilizado por Paulo de Tarso no capítulo 2 da segunda epístola aos Coríntios, referindo-se a uma força que opera restringindo a manifestação integral do Anticristo. Estudado inicialmente na teologia, o termo passou depois a ser utilizado na filosofia política, notadamente na Itália, referindo-se a uma força de resistência ou constrição. Ver verbete "κατέχον" no site Biblehub, por exemplo, no artigo de Pier Giacomo Ghirardini de dezembro de 2016 na revista *Tempi*, "C'è da augurarsi che i poteri 'catencontici' non cedano al delírio degli *endorsement*" ["É de se alegrar que os poderes 'catecônticos' não cedam ao delírio dos *endorsement*"].

uma experiência verdadeira. Nesse sentido, a pobreza, o *não ser* socialmente, é a forma da nossa liberdade porque permite fazer uma experiência radical de si mesmo, a de ter uma intimidade com a própria existência. Se produzir uma experiência — o que significa também possuir, manter, entreter, habitar uma potência — só é possível com outros, é também verdade que somente uma força composta de indivíduos que sabem o que significa a solitude, ser *somente* aquilo que se é, que têm uma relação com a vida e com a morte, que conhecem tanto a felicidade quanto a tristeza, tanto a resistência coletiva quanto a individual, pode realizar uma verdadeira experiência. O problema dos "coletivos" é que, tão logo se institucionalizam, removem as experiências que realizaram; a sua informalidade rígida é incapaz de mantê-las e, por isso, sua elaboração necessita da expressão livre das singularidades e do comunismo como disciplina. Brecht tem uma bela maneira de indicar como a liberdade individual pode se encontrar com a disciplina coletiva: "improvisação com um propósito determinado". Em todo caso, nenhuma coletivização nunca poderá impor artificialmente o comunismo, nem substituir ou anular o trabalho do eu sobre si mesmo; e são exatamente aqueles que começam a realizar, um por um, este trabalho, os que podem dar vida a uma comuna — que constitui uma força de gravidade coletiva a sua volta, corrigindo o egoísmo individual. Essa é uma das diferenças das mais importantes entre um coletivo qualquer e uma forma de vida comunista.

Seja como for, se naquela negação — nós não somos nada — está contida a destituição de toda identidade conjuntural, de todo atributo socialmente valorizador do sujeito, na sua positividade — no entanto, somos tudo — está a afirmação da potência do devir revolucionário: não são duas fases diversas, não há antes e depois. *É o mesmo gesto.* A destituição sempre abre um devir. O que resta do militante é a prática de uma forma de vida que vive a sua vida como incompossível com o mundo tal como é. A obra de sua existência é tornar impossível a realidade presente.

De fato, é contra o presente que nos é dado viver, o que se pode consumir e que nos consome, mas que nos é interdito o uso — que exercitemos toda a potência destrutiva de que somos capazes. Se lutar contra a História significa emitir um juízo sobre cada instante do passado, fazê-lo contra o presente só pode ser o mesmo que realizar um juízo prático sobre este. É verdade, não existe outro mundo possível, apenas uma fraca possibilidade de um outro fim para *este* mundo: o presente vigente, o presente dominante, deve acabar para que aquilo que vem possa finalmente ser habilitado na sua plenitude: não o fim do comunismo nem os fins do comunismo, mas "o comunismo do fim".

Falta o povo. E faltará enquanto este presente estiver em vigor. Por ora, a brecha que a revolta nos abre é uma das poucas maneiras pelas quais aquela falta pode comparecer no mundo, ainda que só pela duração de um relâmpago. Mas, então, pode-se realmente ir contra o presente? Ou deve-se pensar em como desviar dele? De todo modo, para desviar de um obstáculo e avançar, é necessário abrir outras estradas, outras passagens, outros tempos. Abrir essa passagem significa sempre a violência de um gesto, embora não seja um gesto qualquer, não uma violência qualquer. Não basta desviar: o presente deve ser interrompido, a interrupção cria a possibilidade da passagem. A saída revolucionária do presente, além do mais, parece a única opção válida diante daquela do fechamento, agitada atualmente pelo fascismo em todos os níveis, tanto institucionais quanto existenciais.

Então, os perigos ocultados na pergunta originária em relação à possibilidade de transformação do tempo estão sob os olhos de quem queira vê-los. Antes de tudo, a couraça: a crença apocalíptica em uma temporalidade linear que nos levará diretamente ao Éon revolucionário, ou ainda, aquela em um tempo que retorna sempre igual, ocultado detrás da fruição de massa da catástrofe — enfim, as duas equivalentes. Assim, a trágica ilusão de que a chave da vitória está num exercício de vontade ilimitada, ou ainda, a demoníaca ilusão que leva a crer que é o poder a nos entregar a possibilidade da liberação: "Jamais a liberdade é propriedade da vontade",[10] Deleuze diz sobre Espinosa. As maldições do Ocidente. Ao invés disso, já está tudo aqui: não há progresso e não é eterno retorno, há somente a conjuntura de um presente que se quer insuperável, perene, infernal.

A vontade deve ser estilhaçada; o poder do capital, aniquilado; o inimigo, vencido.

---

10 N. da E.: Gilles DELEUZE, *Espinosa — filosofia prática* (São Paulo, Escuta, 2002), p. 88.

Não basta perguntar a nós mesmos, aos nossos conhecidos, é necessário direcionar a pergunta para fora, para o ignorado e, especialmente, escutar a pergunta que o mundo nos faz, ouvir-lhe a pulsação no profundo de si mesmo. Saber escutar essa pergunta é um aspecto fundamental da espiritualidade revolucionária: o ritmo do mundo se confunde com o da revolta. O que é preciso sempre redescobrir junto com nossos amigos é, antes de tudo, como acompanhar o devir real do que já é aqui, agora, conosco, em meio a nós. Ser seus *assistentes*. Organizar-se para desaparecer nesse devir.

Aqueles que se organizam no devir da história como sua fração revolucionária sempre souberam que a verdadeira vitória coincidiria com sua lenta e feliz dissolução. Para eles, nunca existiu um lema que proclamasse "todo o poder a nós!" ou "pela nossa organização!", mas ao povo, aos sovietes, às comunas. Sem embargo, essa é uma das flechas afiadas que Lenin atirou em 1917 com as suas *Teses de abril*.

O que é esse devir real? Marx dizia que "o ser dos homens é o seu processo real de vida",[11] então, o seu devir é o tempo pleno desse processo, uma "forma inalterável" sulcada de dentro para fora, saturada de uma força que pulsa ruidosamente naquelas interrupções, das quais nunca sabemos a duração. Às vezes, um átimo, outras vezes, uma década, apenas para permanecer no tempo de uma vida. Quase sempre, não sabemos o que fazer com as interrupções, não compreendemos sua potência e acabamos trocando-as por interferências fastidiosas no progredir incessante da História. Vivemos dentro delas como se estivéssemos na sala de espera do pronto-socorro. Mas é esperando que se adoeça: o real parece desaparecer em um esquema plano, o possível se torna um enfeite charmoso para exibir aos visitantes, o próprio mundo só deseja acabar — juízo sem redenção.

A interrupção não é tempo de espera, mas o tempo que traz consigo a possibilidade de tomar uma posição contra o presente, sempre, a qualquer momento, pois qualquer instante pode ser o decisivo. O fim da apatia. O impossível agarrando o mundo. É o tempo de um heroísmo menor, de uma força anônima que não

---

11 N. da E.: Karl MARX, *Ideologia alemã* (São Paulo, Expressão Popular, 2009), p. 31.

suporta o calculado, o homogêneo, o constante. Pode-se escutá-la, ela tem um ritmo: inicialmente imperceptível, começa a pulsar lentamente, acelera vertiginosamente e para. Sua súbita explosão de velocidade, paradoxalmente, provoca a desaceleração da História até paralisá-la; quando tudo para, fica imóvel, "no absurdo presente — incondicionalmente verdadeiro — portanto, também absurdo — do advento messiânico",[12] escrevia Furio Jesi. É nesse instante de suspensão, no qual o passado invade a atualidade com a violência de uma tempestade estelar, que aparece a imagem de uma forma sensível do devir, um *nós* que ao mesmo tempo é disperso e unido, um tipo de solitude aglomerada — dos mortos e dos vivos: é o que resta daquele turbilhão do tempo, da origem de cada ressurreição que sempre está por vir. E é essa forma — contornando uma vida que excede tudo o que existe — que deve aprender como fazer movimentar o presente em mil pedaços.

Apesar de o futuro não depender inteiramente do que aquele nós seja capaz de fazer, sua formação pode ser de ajuda à realização daquele, ou então, a sua perdição. "*Glück ist hilfe*", sorte e felicidade é o amparo, o socorro, dizia o companheiro Brecht.[13] O "mutualismo", outro conceito *fantasma*, não serve para distribuir bens, dinheiro e mercadorias, mas é um meio para assistirmo-nos uns aos outros, cotidianamente, no devir revolucionário. Portanto: realizar a nós mesmos ou perdermo-nos para sempre no mundo? Talvez a verdadeira vitória seja ambos, juntos. A verdadeira derrota é, ao contrário, perder o mundo e nós mesmos ao mesmo tempo.

Seria necessário observar com mais atenção nossas vidas para extrair delas uma imagem e contemplá-la como se fosse um daqueles "*imprese*",[14] aqueles logotipos que eram a marca

---

12 N. da T.: Furio JESI, *Mito* (Milão, Arnoldo Mondadori, 1989), p. 70. Há também uma edição portuguesa deste livro: Furio JESI, *Mito* (Lisboa, Presença, 1988).

13 N. da E.: Poema "Da sorte" em Bertold BRECHT, *Poesia* (São Paulo, Perspectiva, 2019).

14 N. da T.: Optamos por manter a palavra no original em italiano "imprese", já que possui um sentido múltiplo que convém ao argumento do autor. *Imprese*, plural de *impresa*, em italiano, pode significar: empreendimento, empresa, impressão de um logotipo ou brasão, e até mesmo um objeto pessoal que uma mulher dava a um cavaleiro a fim de que este realizasse uma determinada ação para defender sua honra. Nesta frase, *imprese* se refere ao

registrada da existência barroca. Individuar aquele ponto de interrogação existencial, cuja intensidade marcou o nosso particular devir revolucionário, qualquer coisa que ele queira dizer para e na nossa vida. O que começa sem grandes preliminares e nos ensina a estar na vertical, a sorrir, a passar pela dor, a usar nosso ódio contra o domínio, a tecer amizades, a educar a sensibilidade. Viver o comunismo como exposição coletiva ao risco extremo da existência, e a verdadeira solitude como aquilo que o comunismo nos dá, um a um. A vida, como a política, como a poesia, é sempre uma questão de intensidade. E de irreversibilidade: *a verdadeira vida* tem início a partir daquele ponto do qual não há mais retorno. Pode acontecer de afundar — escorre, escava, escreve, escruta —, reemergindo de vez em quando ali onde colocamos as nossas mãos, os nossos pensamentos, os nossos lábios, a nossa respiração. Intensifica-se, de novo e ainda, nos encontros, no transbordar das paixões, nas quedas ruinosas, nos amores de uma vida, na floresta do desespero, nas terríveis alegrias e nas falências fulgurantes e, enfim, se te resta algo, uma fenda sequer, reaparece. Assim como faz o Astro dourado um movimento aparente. A volta celeste é, para os homens e as mulheres, o livro do sempre insolúvel e inderrogável devir humano. Desviando o olhar daquela cena, lendo os sinais no céu, retornando à Terra.

De revolutionibus orbium coelestium:[15] o Sol é imóvel, a Terra se move.

Os raios, a vida, o tempo. É agora.

Este livro é dedicado a uma recordação de felicidade, uma daquelas que — como disse o poeta — se deve esquecer para poder realmente *ser*. Para que nós esperemos com paciência o retorno, como o próprio sangue, o olhar e o gesto sem nome. Quando não haverá nenhuma diferença entre si mesmo e a lembrança.

"logotipo" antigo que era carimbado ou marcado em cera de vela, identificando uma família, uma corporação ou representante do governo, com uma imagem e a inscrição de algumas letras.

15 N. da E.: Título original, em latim, do livro de Nicolau Copérnico (1473--1543), *Das revoluções das esferas celestes*. Uma edição portuguesa foi publicada em 2014 pela editora da Fundação Calouste Gulbenkian, com o título *As revoluções dos Orbes Celestes*.

O MUNDO OU NADA

*O que é, é
o que não é, é possível
só o que não é, é possível.*[16]

— Einstürzende Neubauten

Comecemos por um assunto que, embora incômodo, é dificilmente contestável: todas as revoltas e insurreições ocorridas nos últimos anos foram *destituintes*.

Do "Que se vayan todos, que no quede ninguno!"[17] argentino ao "Dégage!"[18] tunisiano dos protestos de Tottenham aos romanos,[19] dos *res gestae* das cidades de Oakland e de Taksim até as praças-habitações de Nova Iorque, de Atenas, de Istambul e do 15M espanhol,[20] para recomeçar com o "Le monde ou rien"

---

16 N. da T.: Trecho da canção "Was ist ist" (2001) do grupo alemão Einstürzende Neubauten.

17 N. da E.: Lema popularizado em 2001, na Argentina, em meio aos inúmeros protestos contra a representação política governamental e que teve como mérito a renúncia do então presidente do país Fernando de la Rúa.

18 N. da T.: Ademais, *dégage* significa livre, solto, porém, na expressão exclamativa, o sentido se torna "Sai fora!", com a finalidade de demonstrar que alguém não é bem-vindo ou que se deve livrar de algo. O termo surgiu como lema nas revoltas tunisianas de 2010-2011, chamadas também de Revolução de Jasmim. A série de insurreições teve impacto nos países vizinhos e foi responsável pela saída do então presidente da Tunísia, Zine el-Abidine Ben Ali, que ocupava o cargo desde 1987.

19 N. da E.: Onda de protestos e saques ocorridos na zona comercial de Tottenham Hale. Este evento se deu no âmbito das revoltas ocorridas em agosto de 2011, em várias cidades da Inglaterra. Em Roma, dois meses depois, milhares de pessoas ocuparam locais públicos, também em protesto contra as desigualdades sociais e as opressões governamentais.

20 N. da T.: Tradução nossa da expressão *piazze-abitazioni,* usada pelo autor para se referir às ocupações de grandes praças públicas nos referidos países, onde os manifestantes permaneciam também durante as noites, dormindo no local, como forma de protesto e também de colaboração e vivência.

da longa e raivosa revolta francesa de 2016:[21] são todos eventos expressos através do desejo de destituição — que seja a destituição do poder das mercadorias ou da política, das instituições ou das grandes infraestruturas; ou ainda, mais essencialmente, da forma de vida penosa que nos é dada viver. A emersão, em *plena luz do dia*, de um continente explodido, o Ingovernável, que silenciosamente replica, sempre que um novo governo vem com um trovejante "prefiro não", a vibração planetária de uma potência destituinte que não permitiu figurar dentro de si qualquer poder constituinte em ato. Todos os governos podem contar com qualquer coisa, exceto com o "apoio de todo o povo"; e todos os discursos sobre *instabilidade* — palavra que os governantes usam para chamar a situação de impaciência difusa, o desejo selvagem de escapar que serpenteia por toda parte — não passa de retórica desajeitada mascarando o eterno nervosismo que caracteriza as pessoas injustas que sabem que o são.

Todavia, o conceito de potência e política destituinte, mesmo estando presente empiricamente nos processos revolucionários de todos os tempos, nunca gozou de uma literatura própria, foi sempre como a sombra secreta daqueles processos. Na verdade, é isso mesmo. É o que Marx definiu como o "segredo" da existência do proletariado como *dissolução efetiva* da ordem deste mundo. É a extinção do Estado que Lenin via na realização do caldeirão bolchevique, que o dirige a sua óbvia destruição. Quando se lê as páginas de Maurice Blanchot dedicadas ao Maio francês, em *A comunidade inconfessável*,[22] tem-se um ensaio vertiginoso sobre este conceito. Mas é somente nos últimos quinze anos, em consonância com uma violenta mutação do mundo, pelo desnudamento do impiedoso ruir da "civilização" em todos os níveis da existência, que se começou a pensá-lo com seu nome. Chegou o tempo da sua legibilidade.

Os locais referidos pelo autor tiveram massivos protestos e ocupações de praças públicas em 2011.

21 N. da E.: "O mundo, ou nada", título de um rap reconhecido na França, gravado em 2015, de autoria dos irmãos PNL. A canção foi tomada como lema durante os protestos de abril de 2016, notadamente no movimento Nuit debout [Noite de pé], parte dos protestos contra a reforma das leis trabalhistas proposta pelo ministro Myriam El Khomri em fevereiro de 2016.

22 N. da E.: Publicado no Brasil pelas editoras UnB e Lumme, em 2013, com tradução de Eclair Antonio Almeida Filho.

Tivemos um punhado de colaboradores que tentaram delinear esse conceito, descrevê-lo, aproximar-nos de uma definição: o livro do Colectivo Situaciones, após a insurreição argentina de 2001; a entrevista com Mario Tronti, em seguida da revolta das periferias na França em 2005; o recente livro do comitê invisível, que coloca a destituição no coração do presente; por último, o epílogo do capítulo final da longa pesquisa sobre o político, conduzida por Giorgio Agamben, intitulada *Homo sacer*, o texto teórico mais denso que temos atualmente à disposição.[23] Como antecipação filosófica, nos anos noventa do século XX, havia somente o estudo de Reiner Schürmann sobre o colapso dos princípios constitutivos do Ocidente,[24] cujo texto era subdividido em partes que, precisamente, reconstruíam a instituição dos diversos princípios hegemônicos e unificantes, seguidos por sua destituição.

Contudo, o núcleo incandescente de uma teoria política da destituição sem dúvida está contido na obra de um velho amigo, Walter Benjamin, de cujas faíscas parte também este texto, e cuja única pretensão é contribuir com o esforço de elaboração em curso. Trata-se de caminhar para longe, por estas linhas que foram abertas há pouco tempo, e percorrer, ainda que somente uma vez, aquelas que outrora foram interrompidas e abandonadas.

---

23 . COLECTIVO SITUACIONES, *19 y 20: apuntes para el nuevo protagonismo social* (Buenos Aires, De Mano en Mano, 2002) [tradução italiana *Piqueteros. La rivolta argentina contro il neoliberismo* (Roma, DeriveApprodi, 2003); todas as citações feitas neste texto foram geralmente retiradas da edição original e traduzidas por mim]; Adriano VINALE, *Potere destituente. Una conversazione con Mario Tronti*, em AA.VV., *La Rosa di Nessuno — Potere destituente — Pouvoir destituant* (Milão, Mimesis, 2008), pp. 23-44, a tradução para o espanhol deste texto foi realizada pela revista *Artilleria Inmanente* e encontra-se disponível em: https://artilleriainmanente.noblogs.org/?p=206; COMITÉ INVISIBLE, *A nos amis* (Paris, La fabrique, 2014); ed. bras.: *Aos nossos amigos — crise e insurreição* (São Paulo, n-1 edições, 2016); Giorgio AGAMBEN, L'uso dei corpi. *Homo sacer, IV*, 2 (Vicenza, Neri Pozza, 2014), pp. 333-351; ed. bras.: *O uso dos corpos — Homo Sacer, IV*, 2 (São Paulo, Boitempo, 2017). No ano precedente, o tema foi tratado por Agamben na abertura de um seminário na zona rural francesa, do qual participaram quinhentas pessoas vindas de toda parte do mundo.
N. da E.: A transcrição da conferência, em francês, foi publicada pela revista digital *Lundimatin* (45), de 25 de janeiro de 2016, sob o título "Vers une Théorie de la Puissance Destituante — par Giorgio Agamben", em português foi publicada sob o título "Por uma teoria da potência destituinte", com tradução de Luhuna Carvalho, na *Revista Punkto*, (5), 2015. Disponível em: https://www.revistapunkto.com/2015/05/por-uma-teoria-da-potencia-destituinte.html.

24 Reiner SCHÜRMANN, *Des hégémonies brisées* (Mauvezin, Trans-Europ-Repress, 1996).

O espírito destituinte que caracterizou os levantes recentes parece contradizer profundamente aquele férreo axioma da política moderna para o qual uma revolução só pode nascer se, ao poder constituído, contrapõe-se um poder constituinte, o qual, dependendo do ponto de vista, é subjacente ou domina aquele; de todo modo, importa que se exprima na sequência bem distinta em que a insurreição levaria a um governo provisório que, depois de novas eleições, promulgaria uma nova constituição. Portanto, haveria a instituição de um novo governo legítimo.[25] Entre um e outro eventos, o mundo poderia assistir aos habituais massacres e, por fim, à lógica deterioração da revolução.

A partir das grandes revoluções burguesas da modernidade — a inglesa, francesa ou americana —, a teoria política moderna não parou de girar em torno do dispositivo dialético que guiaria a História. De fato, para aqueles de esquerda que continuaram a crer em uma política constituinte, houve um tipo de desilusão ao admitir que, nos recentes levantes, o momento destituinte — que, para eles, deveria se circunscrever em um momento cegamente destrutivo — não foi seguido por nenhum momento constituinte. Fecham um olho ao fato de que, por exemplo, no Egito, graças aos limites internos daquele movimento de insurreição, bem analisados pelo comitê invisível, aquele momento teria sim existido, mas teve o defeito antipático de ter instaurado uma tirania pior do que a destituída pouco antes. A miopia voluntária se deve ao fato de que, para os teóricos de esquerda, o poder constituinte é *naturalmente* democrático, no sentido que aparece sempre como uma ilimitada produção de liberdade e progresso. Então, pudemos escutar um discurso com declinações variadas, o qual deseja que nessas revoltas deva se manifestar a construção de um poder constituinte, em uma busca afanosa por legitimação jurídica para a qual, apesar de tudo, não consegue ainda encontrar um povo desejoso de ser seu fiador. Na verdade, como escreve um bom comentador de Gilles Deleuze, essa situação se deve ao fato de que as massas "não podem mais formar

---

25 Sobre o poder constituinte, consultar Carl SCHMITT, *Teoría de la constitución* (Madri, Alianza Editorial, 1996), e Antonio NEGRI, *Il potere costituente. Saggio sulle alternative del moderno* (Roma, Manifestolibri, 2002); ed. bras.: *O poder constituinte — Ensaio sobre as alternativas da modernidade* (Rio de Janeiro, Lamparina, 2015).

um sujeito unificado capaz de agir; são como que separadas das potências que lhes permitiriam se constituir como 'povos', perderam seu poder constituinte".[26] O resultado é que, na ausência desse poder ou movimento constituinte, a esquerda radical se acomodou no apoio entusiasta a todos os atuais ou prováveis experimentos de governo "alternativo" — apoio cafona aos vários Tsipras, Iglesias, Sanders, Corbin e outros hologramas —, na esperança que dali venha o impulso constituinte determinante; até que se perceba, talvez passados poucos meses, a sua perfeita nulidade, também por causa da miséria ética daquela classe política. Ao invés disso, todos os outros, exatamente porque conscientes da impossibilidade daquele sujeito político unificado, parecem ocupados em religar-se com as potências dispersas em toda parte, através da configuração fragmentária, cansativa, vital, de uma revolução que recebeu temporariamente o nome de *comunalista*. A comuna — e não a cidade — é o aspecto construtivo, inseparável daquele destrutivo, com o qual a potência destituinte se mostra atualmente. Mais uma vez: "a origem é a meta".

O importante está no esforço de compreender que nem o paradigma do antagonismo nem aquele constituinte são meios à altura do desafio da época. A cada momento, é necessário encontrar a maneira de operar em conjunto uma destruição do presente e uma *exit*; uma saída não da Europa, do Euro, ou quem sabe qual outra diabrura governamental, mas deste tempo comprimido, da relação de poder e de produção, da vida estúpida, dos dispositivos de captura. Uma saída que afirme o ser aqui, agora, e que apenas essa presença nos salvará.

Depois da orgia de economistas — ainda nos lembramos, e com certa repugnância, do período inicial da "crise", depois de 2008, em que tantos representantes dos movimentos sociais se assemelhavam a assinantes dos jornais do capital: parecia não ser possível falar de nada sem mimetizar a linguagem cifrada da metrópole e sem citar personagens obscuros dedicados à razão econômica mais trivial —, mais recentemente, logo após a estação insurgente de 2008-2011, nas academias mais ou menos

---

26 David LAPOUJADE, *Deleuze, le mouvements aberrants* (Paris, Les Editions de Minuit, 2014), p. 250; ed. bras.: *Deleuze, movimentos aberrantes* (São Paulo, n-1 edições, 2015), p. 264.

informais da esquerda radical, houve um período em que vimos aumentar subitamente os debates com alguns juristas, não para torná-los o novo e feliz Bucéfalo ou talvez para forçá-los a desafiar o dilúvio de medidas judiciárias que choveram sobre os opositores políticos na Europa, mas com o fim de produzir alguma coisa que permitisse rimar revolta e direito, revolução e governança. Uma operação de neutralização do político de rara ineficácia. Nesses círculos, todos dizem odiar Carl Schmitt e, todavia, ao invés de arrancar dele o que possa ter de mais interessante, parecem sempre querer citar o seu gesto mais óbvio e conformista, ou seja, aquele que busca se apropriar juridicamente do que foge ao Direito, restabelecendo assim a dialética correta entre legal e ilegal, legítimo e ilegítimo, entre ordem e anomia. Recentemente, até mesmo o amor entrou na agenda política desses juristas endurecidos das formas de vida — imagine como se fossem instituições iguais a todas as outras. Em determinado momento, o debate político-jurídico sobre os chamados bens comuns invadiu congressos e teatros, ainda que por um período relativamente breve, e trazia justamente um sinal desse problema. No fundo, como nos disse uma vez um velho sábio, sorrindo maliciosamente, aqueles do "bem-comunismo são os que fazem o comunismo direito", como quem quer dizer: pequeno-burgueses que têm um santo horror à revolução.

Não obstante, é bom deixar claro desde já o caráter profundamente *jurídico* do poder constituinte que hoje é teorizado na esquerda dos movimentos sociais, pois frequentemente se questiona — mediante uma crítica em boa-fé, expressa com certa ingenuidade — por que opor a destituição ao poder constituinte, argumentando, por exemplo, "como se em toda autêntica insurreição não existisse sempre um duplo movimento de destituição do velho e constituição do novo".[27] Uma nota mais refinada, por outro lado, destacou o perigo de enrijecer-se em uma dialética sem saída.[28] Ora, a questão proposta pela potência destituinte não diz respeito, de modo algum, a um suposto antagonismo

---

27 *À nos amis... o dell'entusiasmo!* N.da E.: Trata-se de algumas notas a propósito do livro do Comitê Invisível, *À nos amis*, op. cit.; ed. bras.: *Aos nossos amigos: crise e insurreição*, op. cit.

28 Gigi ROGGERO, "Che cosa sono i nostri amici?". Disponível em: www.commonware.org/index.php/gallery/623-che-cosa-sono-i-nostri-amici.

dialético com o poder constituinte como tal — poder constituinte e potência destituinte estão em uma relação similar àquela existente entre a geometria euclidiana e a de Riemann, ou ainda, uma não relação, pois partem de premissas diversas e não estão em competição para obter a mesma coisa. A questão é precisamente como evitar o *nó-cego* que destroçou as revoluções do passado e afirmar que o gesto destituinte contém em si tanto o movimento destrutivo quanto o construtivo, os quais se tornam quase indistinguíveis, inseparáveis. Um só plano de consistência que interrompa o presente e corte transversalmente o real.

Sobretudo, é necessário destacar que aquilo que é destituído não é predominantemente o "velho", o passado, e sim o "presente". Um presente que é como um cubo de gelo no qual estão congelados o passado que não passa e o futuro que não vem; um presente que interdita, antes de tudo, sua saída em qualquer direção.

E, repetimos, aquilo que ingenuamente é descrito na frase citada acima como constituição do novo, pelo partido constituinte, é um fato eminentemente jurídico e mesmo de tecnologia constitucional, em que o adjetivo "novo" precede o sujeito de sempre: o novo, legítimo, Governo. Nesse sentido, o poder constituinte se realiza em uma reafirmação da soberania.[29] Às vezes, parece que estamos ouvindo o eco de antigas disputas, como aquela que opôs, na Rússia bolchevique, o bom Pašukanis e o inefável Vishisnksy:[30] o comunismo é a extinção do direito ou a constituição do direito proletário?

---

29 A dificuldade em distinguir poder constituinte e poder soberano é, de fato, a crítica que Giorgio Agamben começa a desenvolver desde o primeiro volume de *Homo Sacer*, com o subtítulo *O poder soberano e a vida nua* (publicado pela Einaudi em 1995). Ver particularmente o capítulo *Potência e direito*, na página 46 e seguintes [ed. bras.: *Homo Sacer: o poder soberano e a vida nua 1* (Belo Horizonte, Ed. da UFMG, 2002), pp. 47 e ss.

30 N. da E.: Evgeny Bronislavovich Pashukanis (1891-1937), jurista soviético. Conhecido principalmente por sua obra *Teoria geral do direito e do marxismo*, de 1924 (publicada no Brasil pela Editora Boitempo em 2017). Membro do Partido Bolchevique desde 1918, ocupou diversos cargos no governo da Revolução de Outubro, inclusive os de vice-comissário do Povo para a Justiça e de diretor do instituto de Construção Soviética e Direito. Na década de 1930, sua obra foi muito criticada pela burocracia do governo de Stalin. Foi preso em 20 de janeiro de 1937 e executado naquele mesmo ano. A partir de então, Andrei Vichinsky (1883-1954) passa a ser o mais influente jurista soviético. Este foi também diplomata, um dos acusadores de Pashukanis durante os Processos de Moscou (1936 a 1938). Vichinsky também ocupou o cargo de ministro de Assuntos Exteriores da URSS entre 1949 e 1953.

A inteligência de esquerda sabe que *a revolta existe*, mas sempre prefere deslizar sobre sua potência destituinte — dedicando-lhe, no máximo, algumas piadas espirituosas ao modo de esconjuro — à procura de um farelo de poder constituinte. Este deveria ser, segundo a doutrina do Estado, um poder, uma "vontade política" (como precisava Schmitt) que nunca se exaure, mesmo quando foi expressa e deu vida a uma constituição: "Ao lado e acima da Constituição, segue subsistindo esta vontade", diz o jurista do Fürher.[31] E a vontade é poder. Todavia, é exatamente porque nos últimos anos parece ter se perdido essa vontade metafísica que se exprime uma desilusão irritada. Veja-se, por exemplo, o parecer do filósofo Roberto Esposito no jornal *La Repubblica* de 22 de junho de 2013: "Mais que a um poder constituinte, as revoltas atuais fazem pensar sobre um poder destituinte — capaz de minar a ordem presente, mas não de criar uma nova". Um documento movimentista, fruto de uma reunião de ativistas europeus chamada Agorà99, de novembro de 2013, observando especialmente os levantes ocorridos nas respectivas metrópoles, destacava "a urgência dos movimentos sociais se desenvolverem imediatamente sobre o terreno constituinte, da construção de uma alternativa, e não só destituinte, no ataque aos dispositivos de comando". Ou ainda, escrevia um teórico da política, sempre em 2013: "Esta dinâmica destituinte, cuja produção deve começar imediatamente, fazendo-a viver como objetivo dentro das lutas e das mobilizações, deve ser acompanhada [...] de um programa constituinte europeu".[32] Da mesma forma, como conclui Michael Hardt, contradizendo a doutrina de maneira reveladora: "É claro que agora a coisa principal é desenvolver, criar e inventar um poder constituinte".[33]

É possível multiplicar as citações deste gênero de apelos desconfortáveis, mas todos substancialmente repetem o mesmo lema, que poderia ser resumido desta maneira: "vemos

---

31 N. da E.: Carl SCHMITT, *Teoría de la constitución*, trad. Francisco Ayala (Madri, Alianza Editorial, 1996), pp. 94-95.

32 Sandro MEZZADRA, "Per com politica costituente europea". Disponível em: www.euronomade.info/?p=168

33 Entrevista com Michael Hardt organizada por Gigi Roggero e Anna Curcio. Un'alternativa in cerca di autori, *Il manifesto*, 9 de outubro de 2013. Disponível em: https://archiviopubblico.ilmanifesto.it/Articolo/2003214725.

uma potência destituinte em ação, seria estúpido negá-lo a este ponto, mas falta sempre a ação do poder constituinte, o qual permanece o essencial para nós".

Esta corrente de pensamento defende, assim, que o ambiente em que acontecem as revoltas — geralmente, mas não exclusivamente, a metrópole — deveria ser transformado, pelo poder constituinte, em um grande campo de inovação, por meio do qual a democratização da vida metropolitana seria intensificada. Estas duas linhas de desenvolvimento — metrópole e democracia —, de fato, constituem os eixos portadores de "uma nova *governança* da multidão".[34] De acordo com este ponto de vista, sem dúvida muito moderno e ocidental, viver na contemporaneidade se identifica inteiramente com o viver na democracia, nunca como metrópole-mundo — claro, em caso de ter-se a possibilidade de experimentar todas as suas versões: da democracia autoritária à participativa, daquela representativa à autogerida, da fascista à cibernética; ou melhor, é possível que todas possam conviver ao mesmo tempo em um mesmo território. Como afirma peremptoriamente Antonio Negri, na primeira linha de seu célebre estudo sobre o poder constituinte: "Falar de poder constituinte é falar de democracia".[35]

Formalmente, o discurso parece invencível, tratar-se-ia somente de levar a democracia ao seu cumprimento "real" ou "autêntico" — como recita o Manifesto da nova *cool politics* do ex-ministro grego da Economia, o DiEM25,[36] como se até agora conhecêssemos apenas sua versão falsa ou irreal. Além de pensar, com Mario Tronti, que a democracia real não

---

34 Sandro MEZZADRA e Toni NEGRI, "Lotte di classe e ricomposizione politica nella crisi". Disponível em: www.uninomade.org/lotte-di-classe-e-ricomposizio-ne-politica-nella-crisi/, artigo de 12 de janeiro de 2011.

35 Antonio NEGRI, *Il potere costituente*, cit., p. 11; ed. bras.: *O poder constituinte*, op. cit., p. II. Porém, na introdução da nova edição italiana de 2002, Negri propõe uma dúvida sobre a atualidade do poder constituinte: "talvez, hoje, nós estejamos para além do moderno e provavelmente do poder constituinte". Apesar da dúvida, parece que, ao menos até hoje, ele optou por ficar aquém do moderno.

36 N. da E.: DiEM25, Democracy in Europe Movement 2025 (Movimento Democracia na Europa 2025) é um movimento político fundado em 2016 por um grupo de europeus, entre os quais o ex-ministro das Finanças da Grécia, Yanis Varoufakis. A sigla DiEM foi escolhida também por fazer referência à expressão latina *"carpe diem"*. O movimento, do qual outros derivaram, apresenta uma série de propostas que mesclam capitalismo, ideais comunistas e libertários.

é outra senão aquela em que vivemos, assim como um dia se falou em socialismo real, o qual, a certa altura, só poderia ser aquela coisa ali e não outra.[37] Que fique bem entendido, é preciso falar destas coisas com um genuíno espírito de caridade, especialmente daquelas do socialismo real, exatamente porque sabemos que milhões de pessoas *acreditaram* naquelas experiências ao custo da própria vida — o pranto sobre a democracia traída deixamos, com prazer, a outros. O socialismo, de um lado, e a democracia, de outro, são aqueles tipos de aventura que começam bem, com grandes expectativas, seguem decaindo e terminam em tragicomédia, deixando o mundo mais cansado e mais sujo do que antes. Se o socialismo, graças aos Vyshinsky, não conseguiu se tornar outra coisa além da gestão burocrático-operária de um Estado deformado, a realização mundial da democracia coincide com a instauração global de um estado de exceção permanente que suspende as novas "liberdades dos modernos" e até mesmo as antigas — mesmo formalmente, como aconteceu mais recentemente na França, e cujo significado é a intensificação de uma situação *já* presente em toda parte. A realização da democracia, assim, é também o advento de uma despolitização de massa que serve de pano de fundo para o advento de uma democracia absoluta, um totalitarismo *soft*, dentro do qual podem conviver todas as formas imagináveis de democracia e, quem sabe, talvez até a do Jihad do terror que se mistura com a neurose homicida-suicida do indivíduo metropolitano: ambas, realmente, democraticamente golpeiam quem esteja na sua frente, sem distinção de classe, cor ou religião.

A democracia surge, sem dúvida, como o dispositivo político mais difícil de destituir. Seria necessário, então, pensar em uma democracia destituinte, isto é, composta de instituições capazes de destituir a si mesmas? Este já seria um

---

37 "A democracia política foi realizada. É necessário falar de democracia real, como há pouco tempo se falava de socialismo real. Não para distingui-lo, como se fez na época, de um socialismo ainda possível, diferente daquele degenerado. Mas para dizer que o socialismo era aquilo e que, caso se queira outra coisa, seria preciso encontrar uma outra palavra. O mesmo acontece hoje com a democracia. Expirou o prazo para usar o mesmo termo para um conceito diferente". Marcelo TRONTI, *Dello spirito libero. Frammenti di vita e di pensiero* (Milão, Il Saggiatore, 2005), p. 183.

bom começo, mas é justo duvidar de que isso seja possível. O socialismo real, a um certo ponto, diante da falência da sua tentativa, teve ao menos a coragem de *acabar*; da democracia pode-se dizer muitas coisas, exceto que seja corajosa e que contemple algo parecido com o seu fim — não obstante a mediocridade tenha sempre sido sua razão social. De todo modo, a questão é clara: se o estado de exceção é permanente, se é *a regra* deste mundo, o poder constituinte, assim como toda ação política clássica, ou seja, moderna, não tem qualquer possibilidade em sentido revolucionário, uma vez que é completamente absorvido pelo poder soberano que *já existe*. De acordo com esse ponto de vista, o que resta a fazer, semelhante ao que já dizia Walter Benjamin há setenta e seis anos, é "a criação de um *verdadeiro* estado de emergência".[38]

E pensar que, há apenas um ano, ao término de uma ardente manifestação internacional pelo Primeiro de Maio em Milão, houve quem escrevesse, em polêmica com as análises e práticas de quem havia muito anunciava o estado de emergência como refrão contemporâneo do Governo: "a governança multipolar atual não é o 'Estado de exceção', ou seja, o paradigma unificado de um exercício normalmente excepcional de poder depois do 11 de setembro de 2001, a condensação da guerra civil legal e da tanatopolítica contra todo adversário e grupo resistente",[39]

---

38 N. da T.: Tradução nossa da expressão em italiano "stato di emergenza". A citação, na tradução brasileira do texto de Walter Benjamin, está na oitava tese de "Sobre o conceito de História", em *Obras escolhidas. Magia e técnica, arte e política* (São Paulo, Brasiliense, 1996), p. 226. Estado de emergência e estado de sítio têm o mesmo significado no campo da legislação, porém, usam palavras que podem remeter a ideias diferentes no campo filosófico, portanto, optamos por manter o termo emergência, como é usado pelo autor também em outros pontos do texto.

39 Ver "Teologia degli storni", disponível em: www.dinamopress.it/news/teologia-degli-storni. Sempre a mesma publicação — que parece obcecada pela potência destituinte e por quem a teoriza, geralmente acusada de teologismo político, como antigamente se usava indistintamente o trotskismo e o subjetivismo — na sequência da proclamação do estado de emergência na França, foi obrigada a escrever um artigo de teor levemente diverso, porém onde se mantém, tentando não contradizer o que havia escrito anteriormente, que a questão para a Europa se abre justo agora, no inverno de 2015-2016, logo após a proclamação "formal" do estado de emergência, porque para eles *só aquilo que é jurídico é material* (sic!), enquanto o resto, que é sempre só coisa mais importante, seria só uma ficção. Ver "À la guerre comme à la guerre. Note sullo stato d'emergenza in Francia", disponível em: https://www.dinamopress.it/news/a-la-guerre-comme-a-la-guerre-note-sullo-stato-d-emergenza-in-francia/.

e depois acrescentaram que, se erramos na escolha do alvo, não há outra alternativa exceto usar armas impróprias. Efetivamente.

A teoria do poder constituinte não é particularmente nova ou original, no sentido de que se desenvolve inteiramente na esteira da tradição política ocidental moderna. E não é preciso muito esforço para ver em ação, no entendimento de seus atuais apoiadores, a boa e velha dialética progressista, sob a radicalidade razoável de uma teoria que propõe a fundação do novo direito, não partindo romanticamente do nada, mas, sim, do submundo do direito existente. Isso normalmente resulta em uma continuidade do poder que exalta sua capacidade de sobrevivência tanto em face de um tsunami quanto de uma insurreição — configurando, desse modo, um tipo de "poder resiliente", mais do que constituinte. São funções essenciais do Governo: estar sempre em ação, garantir a todo custo a estabilidade de uma "crise da presença" de massa, sempre recomeçar do início, nunca perder o comando, seguir emitindo palavras de ordem, não importa o que aconteça. Desse presente não se escapa, ele se repete incansavelmente.

Uma variante interna do discurso constituinte até lamenta o fato de que hoje é consumado aquilo que foi definido, com grande desconforto, como "divórcio entre democracia e capitalismo" — deixando entender que, se fossem ainda casados, as coisas não estariam tão mal e não seria necessário apelar para este mito político do Moderno. Por isso, essa variação prefere concentrar a esperança em um "conflito constituinte", que deveria servir de ponte para um segundo matrimônio — uma nova *governança*, para ser preciso. Nos discursos da esquerda, a ênfase é sempre posta sobre um processo constituinte de novas instituições — que, na prática, é ausente, exceto nas operações de maquiagem do Governo —, enquanto a potência destituinte — uma evidência onde quer que haja revolta — é frequentemente pintada com pinceladas obscuras, quase como o escancarar de um abismo. O seu aparecimento nos caminhos é vivido como um acidente desagradável e, ainda que às vezes seja reconhecido como um gesto necessário, faz parte daqueles eventos que se devem afastar imediatamente, tal como um desastre natural. No entanto, é somente nesses momentos

— nas estradas de odor acre, nesse céu que carrega fumaça preta e se eleva sobre os tetos dos palácios de cristal, tornando indistintas todas as identidades e, ao mesmo tempo, politizando a vida de todos, nesses territórios secionados do Estado, nos gestos anônimos de compartilhamento por meio dos quais se exprime a presença do comunismo — que é possível entrever o *demos* que está, de forma gritante, ausente do desértico palco cênico das democracias reais. E ainda se impõe uma outra evidência: quando o "povo" está nas ruas e nas praças, o Governo não governa. O problema revolucionário, então, é como fazer com que aquela potência não seja nunca interrompida, ou melhor, não seja nunca capturada na forma do Governo.

Claro, nos discursos da esquerda radical, é frequente a menção de que o capitalismo e suas instituições devem ser superadas, no entanto, dizem-nos — seguindo uma interpretação marxista superficial — que não há nenhuma necessidade de uma solução de continuidade *agora*, pois será seu próprio desenvolvimento que nos levará ao comunismo; trata-se apenas de esperar o momento em que o desenvolvimento das forças produtivas terá alcançado o ponto de virada decisivo e, nesse intervalo, suprir com medidas de renda assistencial ou de *governança* dos municípios. Há até mesmo uma seita entusiasta, formada recentemente, que recolhe seus fiéis na *creative class* e que prega um tipo de doutrina da predestinação cibernética, defendendo que o dever da esquerda seria ainda e sempre aquele de *acelerar* a corrida produtiva e tecnológica em direção àquele ponto estático da História.[40] O fato de que este prometeísmo de esquerda tenha já levado à devastação do ecossistema planetário, e que sua aceleração significaria simplesmente acelerar o "fim do mundo", não parece estar entre suas principais preocupações.

---

40   Seu texto fundador é "Manifesto per una politica accelerazionista" [Manifesto Acelerar: por uma política aceleracionista], de Alex Williams e Nick Srniceck, literalmente demolido por Eduardo Viveiros de Castro e Debora Danowski, no recente livro *Há mundo por vir? Ensaio sobre os medos e os fins* (Desterro, Cultura e Barbárie e Instituto Socioambiental, 2014). Na Itália, o Manifesto foi difundido antes e, portanto, discutido justamente por alguns dos defensores da hipótese constituinte, ver Matteo PASQUINELLI, *Gli algoritmi del capitale. Accelerazionismo, macchine della conoscenza e autonomia del comune* (Verona, Ombrecorte, 2014).

No fundo, até a admiração que a esquerda radical europeia teve por certas experiências latino-americanas — notadamente, o governo lulista no Brasil e, depois, o de Morales na Bolívia, e talvez o chavismo na Venezuela ou o kirchnerismo na Argentina, ou muito menos a "bizarra" experiência zapatista — vinha da afeição por um poder constituinte imaginário que parecia se tornar, naqueles países, um novo direito, tonando-se, por sua vez, governo, e também da admiração pela proposta do neocapitalismo continental, finalmente concebido por personagens provenientes da linha de frente dos sindicatos e partidos da "nova esquerda", portanto, pronto a deslizar democraticamente no comunismo, sem precisar recorrer àqueles fastidiosos soluços da história que caracterizaram os Novecentos. Aqueles governos progressistas foram, com todas as evidências, uma alternativa ao comunismo, uma obra inteligente de contrarrevolução efetuada *antes* da revolução. E o triste crepúsculo daquelas experiências de governo — entre corrupção da elite progressista, primado absoluto da economia, devastação das reservas naturais e das comunidades que as habitam, novas revoltas antigovernistas e repressões ferozes da experiência de autonomia comunalista por parte dos mesmos governos — só acrescenta um sabor amargo à já desiludida ausência de espírito constituinte nas revoltas atuais que acontecem no mundo. Enquanto isso, os zapatistas, insurgidos armados no já distante 1994, e que nunca quiseram saber de *governança* e bolsa família, podem continuar a dizer serenamente "aqui estamos". Um pequeno parêntesis sobre isso: infelizmente, nós ocidentais, diferentemente dos zapatistas ou de outros povos indígenas, não temos à disposição nenhuma tradição Maia, nenhum saber ancestral nem sequer uma teologia da libertação como tecido vivente da revolução; o que temos é somente a possibilidade de aprender a usar o campo das ruínas — da tradição, do saber e da teologia — que caracteriza a paisagem da modernidade realizada, o reino da mercadoria absoluta. Como nos foi ensinado, fazer bom uso das ruínas não quer dizer repropor o passado "como foi propriamente", mas "apoderar-se de uma lembrança

N. da E.: O texto "Manifesto Acelerar..." foi publicado em 2014, no Brasil, na edição número 41 do periódico *Lugar Comum*, traduzido por Bruno Stehling. Está disponível em: https://revistas.ufrj.br/index.php/lc/article/download/50653/27492.

tal como ela lampeja num instante de perigo".[41] Um exemplo bastante significativo foi visto nestes anos quando, em meio ao fogo do conflito, uma imagem de grande potência ressurgiu das ruínas, uma palavra que é como uma bandeira: a Comuna, o único *significante pleno* capaz de confederar todas as revoltas, de um extremo a outro do mundo.

No final das contas, para o apoiador do poder constituinte, é como se aquilo que acontece de verdadeiramente "político" no mundo recuse se alinhar à realidade, ou melhor, à regra da democracia real, como se esta fosse a verdade última da História e, portanto, da Modernidade — convicção não totalmente infundada. Para os revolucionários, de fato, o problema é sempre o de entrar em rota de colisão contra uma e outra: uma política contra a História, um comunismo mais forte que o Moderno. Assim, essas duas colunas trêmulas, História e Modernidade, são somente uma: *Das Kapital*.

Porém, pensando bem, talvez não haja maior separação metafísica operada na modernidade democrática — portanto, pelo capitalismo — do que aquela entre realidade e verdade.

A realidade, para a civilização ocidental contemporânea, é algo de radicalmente abstrato e sem conteúdo próprio, um "hiperobjeto" cuja principal característica é ser desprovido de verdade. Mas esta não é mais a realidade, e sim a imagem oca de um real que perdeu qualquer sentido de realidade. Um mundo em que falta o sentido de realidade sobre si mesmo não é tanto um mundo sem qualidade, é sobretudo um mundo para o qual a boa vida se identifica com o narcisismo, com a ilusão e com uma capacidade hipertrófica de vender e consumir tudo, a partir de si mesmo. O uso, alegremente antibrechtiano, que a direção espanhola do Podemos fez da *ilusão* como enunciado mobilizador é sintomático nesse sentido.[42] Articulada pelo seu líder, do alto do último palco eleitoral ibérico, essa enunciação foi completada com

---

41 Assim se lê na sexta tese sobre a filosofia da história de Walter Benjamin. N. da E.: Walter BENJAMIN. Obras escolhidas. Vol. 1. Magia e técnica, arte e política. Ensaios sobre literatura e história da cultura, pref. Jeanne Marie Gagnebin (São Paulo, Brasiliense, 1987), pp. 222-232.

42 Que se jogue com a ambiguidade do significado de *ilusión* na língua espanhola, no sentido próprio de ilusão e em referência à esperança, não só não muda fundamentalmente o sentido *sugestivo* do enunciado, como também o reforça.

as retumbantes palavras de ordem: "Pátria", "Ordem" e "Lei", uma tríade de ilusões e ficções modernistas bem conhecida em seus efeitos materiais pelo povo de todos os cantos.

A verdade é, por outro lado, ridicularizada continuamente pela política dominante e também pela mídia, come se fosse uma crença antiga "boa de pensar" só para os selvagens ou para os retrógrados de todo tipo. No limite, é exibida como representação *light* de uma realidade que pode ser refutada a qualquer momento, pois no reino do equivalente geral — uma cabeça, um voto, e um objeto, um preço — sabe-se bem que uma coisa equivale a qualquer outra, seja material ou imaterial. O importante é que uma verdade nunca se torne um *tomar partido* na guerra em curso. Hoje, o parresiasta Jesus de Nazaré falaria como o Cristo do filme de Brigitte Mayer Müller: "Eu sou a insurreição, o ódio, a fúria, o desespero".[43] É por isso que se sacrifica, de bom grado, a verdade em favor da democracia de um real construído sobre a hipocrisia, a ilusão e o oportunismo. De fato, o que há de mais a-democrático que uma verdade?

Mas é assim que se governa hoje: neutralizando a sensibilidade por meio do aniquilamento de qualquer verdade que aflore na paleta do real, pois a verdade é uma revelação e, portanto, a possível destituição de uma realidade. Na atual realidade, as verdades são sobretudo substituídas pelas opiniões, ou seja, por qualquer coisa de mensurável e exterior à vida sensível.[44] As opiniões são os tipos de enunciado que não requerem pôr em jogo a própria vida e que, no final, são traduzidas no famoso lema neoliberal "não há alternativa", ou também no seu contrário aparente, "há uma alternativa" — que é simplesmente participar da próxima pesquisa eleitoral e esperar, desesperadamente, pelo "governo que vem". Toda a recente experiência do governo de esquerda na Grécia se desenvolveu dentro

---

43 *Jesus cries*, Alemanha, 2015. No filme, Jesus, os apóstolos e apóstolas, são figurados como um grupo revolucionário atual e a narração é frequentemente rompida por fragmentos de imagens que evocam as revoltas dos últimos anos.

44 "[...] porque la opinión es la falsa subjetividad que se deja desprender de la persona e incorporar a la circulación de las mercancías". Walter BENJAMIN, "Karl Kraus", em *Karl Kraus y su época*, trad. Wenceslao Galán e Adan Kovacsis (Madri, Trotta, 1998), p. 82.
N. da E.: O autor cita o mesmo trecho, porém indicando a edição italiana do texto *Karl Kraus*, no volume *Avanguardia e rivoluzione* (Turim, Einaudi, 1973).

dessa falsa alternativa, um *beco sem saída* em que o não do povo se torna o sim do governo, e o sim do povo se torna o não do governo. Aquele governo não traiu nada, porque só se pode trair uma verdade; o que ele fez, em vez disso, foi tomar nota do real pressuposto pelos poderes e saberes dominantes, e agir de acordo com o fato de não ser nada mais que um governo entre muitos. Ainda que retoricamente, não é possível parafrasear a pergunta deleuziana-spinozista — "o que pode um corpo?"[45] — a propósito do Governo, porque, em todo caso, tudo já está inscrito nos limites da sua economia. Exteriormente, é possível até se iludir e esperar, mas, no seu íntimo, todos sabem bem demais que nenhum governo tem a menor possibilidade de desordenar a ordem do mundo, mas apenas de confirmá-la. É exatamente no Governo que se cristaliza a figura do niilismo dominante, a economia-tecno-política deste mundo. Os governos da democracia real não podem nada, exceto prolongar e intensificar a catástrofe em curso.

Sem verdade, a realidade não é mais que uma mentira, assim como a verdade sem a realidade só pode ser impotência. Não há realista político nem antipolítico que possa se opor a esta evidência. Mas quem agora pensa e age, ama e odeia, com base em uma verdade? E quais seriam as realidades de um mundo em que os algoritmos decidem os recursos?

A realidade e a verdade, tomadas em si mesmas, separadamente, não têm grande interesse. O interessante surge somente quando e se elas convergem, entrando em um devir, ou seja, quando provocam uma transformação do mundo. Reivindicar um princípio de realidade sem uma ética da verdade não é nem mesmo reacionário, é aceitação do que é.

A revolução pode ser definida, entre outras possibilidades, como o tempo em que uma realidade e uma verdade convergem a partir de uma "imagem dialética" que põe a História em estado de paralisia — nos termos do companheiro Benjamin. Se a revolta é um acontecimento — em face da qual muitos balançam a cabeça, eliminando-o como se fosse uma relíquia de crença antiga — ela o é apenas em virtude da verdade que dela

---

45 N. da E.: Pergunta formulada a partir da Proposição 2 no texto "A origem e a natureza dos afetos" de Espinosa (1632-1677). Ver a edição brasileira *Ética* (Belo Horizonte, Autêntica, 2009), p. 103.

jorrar. E, se a realidade não é sempre agradável, tampouco o é a verdade. Se vivemos em um mundo onde o real é constituído de mentira, exploração e cinismo, a verdade aparece facilmente nas vestes hiper-realistas de um anjo vingador.

O encontro da realidade e da verdade na história é uma experiência sensível e entusiasmante, indica que se ultrapassou o limiar do torpor, além do qual não se está mais disposto a tolerar o intolerável. Sobre esse limiar, o do impossível, combate-se e constrói-se. Esses são os fragmentos de uma experiência em curso. Ele está acontecendo na França, onde os "cortejos de frente"[46] rompem o estado de urgência continuamente; no deserto da Síria, onde um companheiro de Turim apela não só à defesa da revolução das comunas curdas, mas nos convida a fazer o mesmo na Europa; em Roma, onde uma mão anônima escreve no muro do quarteirão mais gentrificado da cidade que "a catástrofe é essencial"; na Espanha, em Valência, onde feministas exiladas da Itália compartilham a existência com imigrantes africanos em uma comuna urbana. É nas mil e uma comunas, visíveis e invisíveis, grandes ou minúsculas, que se modificam individualmente a concepção da vida e se preparam caminhos de saída do presente para todos. É na deserção solitária deste mundo e na disciplina coletiva do êxodo combatente. Fragmentos de um comunismo que vem.

As revoltas contemporâneas mais significativas são aquelas que, precisamente porque partem de uma realidade e uma verdade compartilhadas, podem se permitir não recuar um milímetro e mostrar que o mundo não se reduz ao da TV, das redes, dos jornais ou da polícia, mas pode *consistir* em um território sólido, povoado, sem fim, e que se exprime por meio de outro tipo de enunciado, uma outra língua. Precisamente: *o mundo ou nada*.

---

46 N. da T.: Em italiano, "*cortei de testa*", em francês, "*cortège de tête*".
N. da E.: A "cabeça" de uma manifestação é posição de grande valor simbólico e político, sendo habitualmente disputada por diferentes grupos. Aqui, o autor se refere a fenômeno surgido em 2016, durante as manifestações contra as novas leis trabalhistas, que aconteceram em algumas cidades europeias, caracterizado pela heterogeneidade do grupo que ocupou a posição dianteira nas manifestações. A este respeito ver: Perrine POUPIN, Nuit debout et le cortège de tête des manifestations contre la loi Travail: la politique comme expérimentation. Disponível em: https://www.participation-et-democratie.fr/system/files/2017_4c_poupin.pdf.

É assim que qualquer visão apocalíptica da potência destituinte é desmentida: quem quer que tenha vivido no fogo da luta, nestes anos, sabe bem que bloquear uma estrada revela mil caminhos, que colocar a cidade em greve permite inventar outras maneiras de viver, que impedir o Governo de governar significa não só a interrupção de uma nova dimensão da existência, mas também a produção de uma bela rachadura na espectral "sociedade dos indivíduos", que acabar com a representação e a delegação é um gesto de dignidade em uma sociedade política que não tem mais significado nem honra. É o crescimento do mundo da verdade dentro do da mentira. É a comuna que vem.

Portanto, o que se pode reprovar no partido constituinte é, sobretudo, o fato de não saber reconhecer a verdade que se distende no tecido existencial das revoltas contemporâneas, alinhando-se, em vez disso, com a realidade pressuposta dos mesmos governos que gostaria de contestar. Daí advém tanto a incompreensão da potência destituinte quanto a desilusão com o encontro cancelado com o poder constituinte.

Mas, enfim, o que é essa potência destituinte percebida por todos e quase nunca pensada? Ela pode se configurar como estratégia revolucionária?

UM OUTRO PENSAMENTO SOBRE A GUERRA

Certos dias, não há por que temer nominar as coisas impossíveis de descrever.

— René Char, *Indagación de la base y de la cima*[47]

Os direitos, no fim, qualquer "sociedade moderna" concede. É um outro modo de assegurar poder a quem já comanda.

— Mario Tronti, *Dello spirito libero*[48]

O texto mais importante, entre os que trataram o tema da destituição, foi escrito por Walter Benjamin em 1921 e tem o título — de estilo muito marxiano — "Para a crítica da violência".[49] Este ensaio é um dos escritos político-filosóficos do mil

---

47 N. da T.: Trata-se do Fragmento 122, em René CHAR, *Pobreza y privilegio — Indagación de la base y de la cima* (Madri, Árdora, 1999), p. 12.

48 N. da T.: Mario TRONTI, *Dello spirito libero*, op. cit., p. 23.

49 Walter BENJAMIN, "Per la critica della violenza" em *Angelus Novus. Saggi e frammenti* (Turim, Einaudi, 1995), pp. 5-30; ed. bras.: "Crítica da Violência — Crítica do poder" em *Documentos de cultura, documentos de barbárie: escritos escolhidos*, trad. Willi Bolle (São Paulo, Edusp; Cultrix, 1986), pp. 160-175.

e novecentos mais comentados no mundo, em virtude de seu pretenso hermetismo, de seu inquietante apelo à violência pura dos oprimidos ou de sua persistente inatualidade. De todo modo, esse é um dos raros textos por meio dos quais é possível notar uma maneira diferente de pensar a revolta, a insurreição e a revolução, e, por isso, contém o delineamento de uma estratégia para a deposição da política moderna. Recordemos, para este propósito, que a palavra *Gewalt* — que, neste ensaio, é sempre traduzida para as línguas latinas como "violência" —, em alemão significa também poder legítimo, autoridade e força pública, portanto, aquele título poderia também ter, entre seus significados, o de *Para a crítica do Governo*. Para além do potente fascínio que a sua escrita emana, e isso é de muito interesse no texto (embora não se trate de fazer filologia, o que já foi feito muito bem por outras pessoas), trata-se também de colher algumas das linhas de força que o atravessam, curvando-as na direção da nossa *atualidade*.

Aqui, ou melhor, agora, o nome Walter Benjamin não está de acordo com sua miserável definição de "ter sido um grande autor dos mil e novecentos", e sim com uma força messiânica que percorre o tempo em todas as direções, com uma potência revolucionária que pulsa violentamente sob a crosta da História, com um estandarte em chamas plantado no meio da obscuridade do presente. Só por isso podemos nos dizer benjaminianos.

O intento de Benjamin é o de delinear uma teoria da destituição, movendo-se, como se pode notar, de uma crítica integral do direito, na medida em que este é originalmente produto de uma violência constituinte. De fato, Benjamin distingue uma violência que *põe* e que *conserva* o direito, portanto, constituinte e constituída, que é projetada na direção do mito, e uma violência como "puro meio" que o *depõe*, portanto, destituinte, e também imagem daquela divina. Desde já, é importante notar que, para Benjamin, essa potência revolucionária deve ser capaz não só de se apropriar das forças de embriaguez, mas também de ser disciplinada — disso parte a configuração, na sua obra, de uma potência comunista que faz uso da anárquica[50]

---

50 Ali onde o comunismo é a arte não apologética da exploração teórico-

— sem nunca se tornar um poder constituído, ou seja, um conjunto de instituições ligadas entre si pelo Direito, dominadas por uma Lei incognoscível e mantidas em movimento pela Economia. Se a anarquia corrige o comunismo — o qual, como dizia Benjamin, persegue propósitos absurdos — enquanto o comunismo corrige a anarquia — que politicamente usa meios inconsistentes —, assim, é a própria prática do comunismo que corrige seus objetivos, simplesmente "porque não há fins *políticos* sensatos".[51] Por isso, é o cotidiano, "o cotidiano como impenetrável e o impenetrável como cotidiano",[52] o verdadeiro campo de aplicação do comunismo. O comunismo não é uma *ideia* do mundo, mas o desenrolar de uma práxis no mundo.

A *violência constituinte* é uma máquina que produz socialmente outra violência, a partir daquela necessária para conservar o direito que produziu — realmente, Benjamin indica que a polícia dos Estados e das democracias modernas é o ponto em que se encontram, em grau de indistinção, a violência que impõe e a que conserva, o que permite que ajam, através do direito, além do próprio direito. A violência policial é a expressão máxima, institucional, do confundir-se do poder constituinte, na sua criativa arbitrariedade, com o poder constituído, na sua óbvia tendência conservadora. Assim, é exatamente a polícia, no seu agir, que torna visível a "captura da anarquia" por parte do Governo,[53] como recentemente o fez notar Giorgio Agamben.

-prática da existência individual e coletiva e da sua organização como afirmação de uma forma de vida permeada de justiça e igualdade — comparou Benjamin certa vez, em uma carta, a profundidade do mais banal enunciado comunista com a superficialidade da eloquência burguesa, evocando a doutrina talmúdica do estudo dos 49 significados para cada passagem da Torá. Quanto à an-ar-quia, seguindo o rastro de Emmanuel Levinas, a entendemos como negação sem afirmação, por isso não prefigura um novo princípio (ao contrário do que acontece no anarquismo político clássico), mas é o nome que exprime a destituição de todo princípio: a an-arquia se diz, mas não reina.

51 Walter BENJAMIN, *Lettere 1913*-1940 (Turim, Einaudi, 1978), p. 146; ed. bras.: Walter BENJAMIN e Gershom SCHOLEM, *Correspondência* (São Paulo, Perspectiva, 1993).

52 Walter BENJAMIN, "Il surrealismo. L'ultima istantanea sugli intellettuali europei"em *Avanguardia e rivoluzione*, op. cit., p. 23; ed. bras.: "O surrealismo — O último instantâneo da inteligência europeia", em Walter BENJAMIN, *Magia e técnica, arte e política*, op. cit., p. 33.

53 N. da E.: Ver Giorgio AGAMBEN, "Por uma teoria da potência destituinte", *Revista Punkto*, op. cit.

A polícia é a embriaguez do poder. Como se surpreender, então, que hoje a polícia pareça ser a única instituição do Estado moderno que sobrevive ao longo e contínuo naufrágio da sua soberania? Como se maravilhar, se o lema mais gritado nas estradas da França, durante um movimento que aparentemente luta contra uma lei sobre o trabalho, é "Todo mundo detesta a polícia"? Portanto, a polícia não é simplesmente tratada como o obstáculo entre "nós e o poder" — podemos dizer que isso faz parte da tática, mas ela deve ser estrategicamente destituída como "anarquia interna do poder".

Ao contrário, a *violência destituinte* não é somente uma violência que se apresenta com uma qualidade totalmente diferente da primeira — pois não tem necessidade alguma de um fim exterior como critério próprio de justiça —, mas também tem a potência de pôr fim a toda violência, uma vez que age fora do direito, podendo depor qualquer pretensão constituinte e conservadora, portanto, despedaçando a soberania do Estado a partir do seu centro. A violência destituinte, assim, recobre o espaço e o tempo da justiça na sua própria realização.

Há alguns séculos vivemos um paradoxo: enquanto o poder é normalmente representado como pacífico e, somente se constrangido, como violento, a potência destituinte — ou melhor, revolucionária — é representada como normalmente violenta e, apenas quando constrangida pela força coercitiva da lei, como pacífica. No que concerne à história do poder soberano no Ocidente, a única exceção — nunca este termo foi tão adequado — foi constituída no século XX pelas ditaduras fascistas, todas nascidas pela subsunção de determinados movimentos populares na forma-Estado, e que são experiências de governo que sempre reivindicaram o exercício do poder como exposição pública e radical de uma violência constituinte de uma nova ordem do mundo, a qual simultaneamente estava ali para negar todas as outras.

Contudo, o problema é que nunca se fala da mesma coisa, mesmo quando se usa uma palavra idêntica. O espelho quebrado da realidade deriva do modo específico com que o Ocidente pensou a guerra e a violência, as suas relações e a sua própria essência, por dois mil e quinhentos anos. É um dos motivos, por exemplo, pelos quais as estratégias de insurreição zapatistas ou a revolta aymara são tão difíceis de ser compreendidas pelos ocidentais. Mas ser ocidental não significa apenas viver em uma região geográfica denominada Ocidente — há bastante "ocidentais", hoje, no Brasil, na China, na África ou na Índia —, mas ter se tornado função de uma metafísica singular, propagador de um credo tecnoniilista, ator de uma História que é sempre a dos vencedores. Pode-se tornar outro-que-ocidentais no Ocidente? Talvez esta seja a verdadeira aposta revolucionária no presente; uma aposta menos absurda do que se possa pensar: não corresponderia mais à verdade admitir que a Revolução de outubro aconteceu *apesar* do Ocidente?

De fato, na narrativa dominante sobre a violência e a guerra, existe a máquina antropológica ocidental, a mesma que não só produziu esta extraordinária nulidade ética que é o *indivíduo moderno*, mas também que nunca chega a compreender a presença endêmica da guerra nas comunidades primitivas, a não ser como algo que demonstrava sua falta de politização essencial. Somente Pierre Clastres[54] conseguiu, nos anos setenta — com e contra Lévi-Strauss e com a cumplicidade de Nietzsche e Heidegger —, ir contra essa representação, mostrando como a violência guerreira das tribos primitivas é uma função da sua autonomia política e existencial e, por isso, está sempre presente tanto em potência como em ato; ou ainda, nas palavras de Roger Caillois, para os primitivos "a guerra e a paz coincidem e ambas são permanentes".[55] A guerra, para os primitivos, é um meio de perseverar no próprio ser — concluía Clastres retomando o *dictum* espinosano.

Portanto, a guerra primitiva não tem relação com a vontade de poder nem com a razão econômica, ao contrário, ela tem relação com o "político". Por meio dela, a comunidade primitiva destitui *a priori* o Estado — identificado como o *hostil* por excelência — elaborando toda uma série de técnicas para mantê-lo à distância, fazendo girar em falso as tentativas de verticalizar, no seu interior, qualquer forma centralizada de comando

---

54 Pierre CLASTRES, *Archeologia della violenza* (Roma, Meltemi, 1998); ed. bras.: *Arqueologia da violência — Pesquisas de antropologia política* (São Paulo, Cosac & Naify, 2004).

55 Roger CAILLOIS, *La vertigine della guerra* (Gussago, Casa di marroni, 2004), p. 10.

econômico-político. Para isso, faz uso de uma violência guerreira que dificilmente seria reconhecida como tal por um ocidental. A figura do "chefe" é algo que a tribo usa, mas, em si mesma, é a imagem de uma perfeita inoperância do poder. Se, como sugerem Deleuze e Guattari, o Estado sempre existiu como potencialidade, então, podemos pensar que continuará a fazê-lo, e a estratégia de evitação elaborada pelas comunidades primitivas pode ainda servir de inspiração, pois admitindo que o Estado é inelimínavel como hipótese ameaçadora, temos sempre a possibilidade de resistir-lhe, pôr uma distância entre nós e ele.

O Estado, uma vez que se instala, não só pratica a guerra externa para traçar reiteradamente os seus limites, mas também (aborrecendo hobbesianamente a guerra primitiva) usa a guerra externa para apagar aquela interna, leva continuamente aquela intensidade de violência tecnificada para dentro de suas fronteiras, a fim de negar qualquer outra verdade, qualquer autêntica autonomia. Nesse sentido, sempre foi verdade, para o Ocidente, que a guerra externa é a continuação da política por outros meios, "a política é a continuação da guerra civil" no interior de si mesma, disse Foucault.[56] A política do Estado e do capital bloqueia a dispersão da sociedade, proíbe a existência de *ethos* incompatíveis com a sua razão, ao mesmo tempo que impõe a indissolubilidade do seu vínculo e a dissolução de todas as formas de vida que sejam diversas daquela normalizada social e economicamente *por ele*. A violência, nesse caso, é sempre constituinte de um "direito social" desastroso — instituído e mantido como monopólio exclusivo da violência reivindicada pelo Estado. Hoje em dia não há revolução possível contra o Estado dominante se ela não se ocupar de corroer o seu adesivo, a verdadeira descoberta da modernidade triunfante no século XIX, isto é, o "social" como suplente do comunismo. A comuna e o social são ambos lugares que têm, cada um, uma intensidade alternativa ao outro.

A política moderna é essencialmente caracterizada por uma violência ilimitada e orientada ao massacre — que é, com poucas exceções na sua história, o modo ocidental de conceber a

---

56 N. da T.: Michel FOUCAULT, *A sociedade punitiva*. Curso no Collège de France (1972-1973), trad. Ivone C. Benedetti (São Paulo, Martins Fontes, 2015), p. 31.

guerra desde a Grécia clássica —, e deve excluir, portanto, antes de tudo, a eventualidade de uma guerra concebida como modo de encontro e de colisão entre aquelas formas de vida que talvez desejem permanecer unidas em seu interior, mas persistindo em sua ingovernável multiplicidade. A política que chamaremos primitiva, então, deve tentar desativar a própria possibilidade da ilimitação da violência e, ao mesmo tempo, a autonomia do guerreiro ou do comerciante — a semente negra do Estado e do capital —, permitindo ao conflito entre as formas de vida perseguir não um fim separado de seu meio, mas a sua indivisibilidade, sem nunca consentir que um poder trace em seu interior aquela linha de separação que prejudicaria sua forma e sua vida de maneira irreversível. Por isso, a guerra — a contínua elaboração das figuras do amigo e do inimigo — é a relação com o *Outro* praticada pelos primitivos, voltada a inibir o nascimento de um Governo sobre os homens e as coisas, ou de uma casta de guerreiros que dominaria tudo, constituindo-se como seita separada da tribo. Mas é também um modo de entrar verdadeiramente em contato com o *Outro* e de se manter sempre aberta a uma potência destituinte: "a guerra é contato, é diálogo, é tempo livre".[57] É uma forma de violência que o Ocidente, na verdade, viu algumas vezes em sua história, mas é dificilmente perceptível na sua diferença, exatamente porque se manifesta de modo estranho à logica dominante.

Todavia, é apelando a *esse* significado da violência que se pode escrever hoje: "Em realidade, a violência existe para nós *como aquilo de que fomos expropriados*, e do que hoje é preciso se reapropriar".[58] Assim, improvisadamente, a guerra primitiva é *intramuros*[59] mais uma vez. É disso também que falam os

---

57 Heiner MÜLLER e Franck RADDATZ, *Penser est fondamentalement coupable*, em Heiner MÜLLER, *Fautes d'impression. Textes et entretiens* (L'Arche, Paris, 1991), p. 187; ed. bras.: Heiner MÜLLER, "O pensar é fundamentalmente culposo". Entrevista a Frank Raddatz. *Novos estudos*, Cebrap, (33), julho de 1992, p. 200.

58 TIQQUN, *Contributions à la comerre en cours* (La fabrique éditions, Paris, 2009); ed. bras.: *Contribuição para a guerra em curso* (São Paulo, n-1 edições, 2019).

59 N. da T.: Dentro dos limites da cidade, por extensão, "no interno", "no centro". Muitas cidades italianas conservam trechos dos muros construídos na Baixa Idade Média ou no Renascimento para demarcar seus limites e estabelecer proteção militar. Em italiano, utiliza-se comumente a expressão "dentro dos

políticos e as mídias europeias quando apontam nos *casseurs*, nos *hooligans*, nos *autonimisti* ou nos *black blocs* alguma coisa de estranho, porém presente nos territórios civilizados. Não é nunca o número de *coisas* destruídas que realmente escandaliza, e sim a presença irredutível de algo bárbaro que ataca os poderes no seu fundamento, ou seja, mostrando a sua ausência — portanto, a ilegitimidade de qualquer poder existente —, e que assim fazendo indica que existem outras maneiras de viver neste mundo, e também de morrer. Walter Benjamin teria falado sobre quem consegue se virar com pouco, de quem responde à pobreza de experiência fazendo uma limpeza e instaurando sempre novos começos, procurando a saída do presente através das ruínas do que existe: uma "barbárie positiva". De outro lado, a própria guerra já é um conceito antiquado para um Ocidente que prefere chamar seus massacres de "operações policiais". De fato, é a essa polícia mundial que se confere o poder constituinte da *nation building*, obviamente depois de ter destruído cientificamente tudo de local que existia antes. Para o Ocidente, o político e a polícia são, há tempos, conceitos totalmente coextensivos.

Pode parecer bizarro para os cidadãos da metrópole, mas, depois da tentativa falida do Movimento operário, o único modo de civilizar a guerra é torná-la "primitiva".

Pierre Clastres foi um etnólogo e um militante, conversava muito com Foucault, Deleuze e Guattari, e escrevia sobre essas questões em 1977; seria uma ingenuidade crer que o fizesse sem ter em mente o conflito que tinha despedaçado a Europa entre 1968 e o final dos anos setenta, com os seus partidos comunistas então já integrados na democrática máquina capitalista e os grupos de luta armada a caminho de se tornarem uma função separada do Movimento: o Ocidente havia falhado admiravelmente no encontro com o devir da Revolução. Nos grupos radicais, havia até quem delirasse, sonhando com a máquina metropolitana que

---

muros" para indicar a zona central da cidade, repleta de construções históricas, em oposição aos bairros "fora dos muros", construídos e organizados de forma moderna. "Dentro dos muros" é, quase sempre, onde se localizam os órgãos administrativos de uma cidade, as principais praças e locais públicos, além do comércio e das residências; é uma zona de densidade populacional e trânsito de pessoas bem maior que as regiões "fora dos muros".

deveria realizar o novo socialismo do futuro por meio da fórmula "assembleia+cibernética". O resultado disso é conhecido. Mas o devir revolucionário sempre significou a tentativa de desacelerar a História, para permitir acelerar o advento de uma revolução. O tempo do capital, ao contrário, é sempre caracterizado por uma aceleração frenética, até mesmo para não dar tempo e, portanto, esmorecer a maturação subjetiva de uma revolução. Em todo caso, ao invés de operar a favor de um alargamento e de uma defesa dos espaços de desaceleração, a esquerda tendeu a preferir a aceleração em todos os níveis e, assim, pela enésima vez, descobriu-se que o capital é imbatível em seu terreno. Nem mesmo o mais interessante movimento revolucionário europeu da segunda metade do século XX — a Autonomia italiana — conseguiu dar o ritmo preciso àquelas duas dimensões temporais; talvez este seja um dos motivos de sua derrota, já que, se existe uma chance de vitória sobre o capitalismo, é exatamente a de desacelerar a temporalidade nos espaços horizontais de autonomia e acelerá-la, no sentido vertical e para o exterior, no momento em que possa ser provocado o bloqueio daquela temporalidade hostil. Tudo isso tendo bem claro o objetivo estratégico de sabotar o trem do progresso e não o de montar sobre ele para continuar infinitamente a sua marcha. O trem blindado da revolução está sempre em marcha por onde for, mas é lento: não se assemelha a um trem de alta velocidade, mas àqueles de província que param em qualquer estação minúscula e desconhecida. No sentido moral, o aceleracionismo de esquerda é uma forma de impaciência, que, como dizia Kafka, é um dos pecados capitais: por causa da impaciência, a humanidade foi expulsa do paraíso, e por sua causa não consegue retornar a ele.

Se o progresso, a aceleração e a violência constituinte são as necessidades da História, bem, pior para a História — é o que se depreende do raciocínio de Clastres. Ainda com base em suas reflexões, teria sentido pensar que o conflito revolucionário deveria ser conduzido não *en partisan*, e sim *en primitif*. Parafraseando a antiga sentença usualmente atribuída a Napoleão, que Carl Schmitt estudou na sua famosa *Teoria do partisan* — "com *partisans* devemos lutar como *partisans*"[60] —,

---

60 N. da T.: A frase em questão foi traduzida conforme a edição brasileira do

devemos dividi-la e virar seu sentido do avesso (pois é o Estado que fala em Napoleão) com *il faut operér en primitif partout où il y a des occidentales*. É preciso agir como primitivo onde quer que haja *partisans*. Um grande poeta francês, que teve seu aprendizado na Resistência, dizia muito bem: "agir como primitivo, prever como estrategista".[61]

Partidários e primitivos poderia significar: tomar partido sobretudo localmente, mas, estrategicamente, nunca deixar que uma instituição, seja qual for, confisque a potência comum; tomar posição sem nenhuma solução de continuidade entre local e global, ou seja, recusar tanto o universalismo quanto o particularismo e, ao mesmo tempo, seguir o conselho de Mao, para quem é melhor vencer localmente em dez contra um, de modo que, derrotado o inimigo em um lugar após outro, seria possível vencer em um contra dez na batalha estratégica; seguir as regras assimétricas da guerrilha formuladas por Lawrence da Arábia, por exemplo, aceitando ser mais fraco que o inimigo, exceto em um ponto que podemos escolher; procurar vencer sem batalha aberta, sem extermínio, porque a verdadeira vitória é sempre e somente política; ou ainda, como notava Lawrence, simplesmente porque quem combate pela liberdade quer desfrutar da vitória em vida. Não permitir nunca que a guerra seja guiada por imperativos econômicos e produtivos, que é o refrão da guerra capitalista, como mostra Sebald na sua *História natural da destruição*, recontando sobre o general norte-americano que, no final da Segunda Guerra Mundial, justificou o bombardeamento infernal sobre uma cidadela alemã, sem interesse estratégico, com as seguintes palavras: "aquela carga de bombas era uma 'mercadoria cara' [...] Na prática, não se poderia jogá-las fora atirando sobre os montes ou campos abertos, depois de todos os recursos da pátria usados para fabricá-las";[62] fazer alianças na base da

---

texto "Teoria do partisan", em Carl SCHMITT, *O conceito de político — Teoria do partisan* (Belo Horizonte, Editora Del Rey, 2009), p. 161.

61 N. da T.: Tradução nossa do italiano "agire da primitivo, prevedere da stratega". Título de um poema de René Char publicado originalmente em 1946 na coletânea *Feilles d'Hypnos* (Paris, Gallimard, 1946), relançado em 2007 pela Gallimard Education.

62 Winfried Georg SEBALD. *Storia naturale della distruzione* (Milão, Adelphi, 2004), p. 70; ed. port.: *História natural da destruição*, trad. Telma Costa (Lisboa, Quetzal, 2017).

amizade e nunca do cálculo; agir de modo que cada vitória nunca se transforme em um sistema de direito, porque este nunca será a *mesma coisa* que a justiça. Persistir na potência sempre; desviar do poder o quanto for possível.

Assim, a potência destituinte é definida como *ab origine*, ao mesmo tempo contra o Estado (Clastres) e contra a História (Benjamin), uma exterioridade primitiva ao Direito, ao Governo e ao Capital, que resta como uma possibilidade *sempre presente porque persiste na sua inatualidade*: "'Sociedade primitiva', em suma, é uma das muitas encarnações conceituais da perene tese da esquerda de que um outro mundo é possível: de que há vida fora do capitalismo, como há socialidade fora do Estado. Sempre houve, e — é para isso que lutamos — continuará havendo".[63]

Se a instauração de um novo direito é seguida da ação de conservá-lo, inscrevendo-o na continuidade histórica mediante um agir político cuja necessidade é a de utilizá-lo como meio de coerção pelos fins, ou seja, de fazer prosseguir o domínio do Governo sobre as formas de vida, a sua deposição não pode emergir se não por uma modificação da experiência do tempo. Se não temer o próprio tempo, ou seja, o resistir, é uma questão de espaço, liberar a vida, liberar *os* mundos contra *este* mundo, só é possível a partir de uma sensível modificação da qualidade daquele tempo. No final dos anos 1970, quando a insurreição das autonomias fenecia num "refluxo", o socialismo começava seu poente e o neocapitalismo reordenava o mundo, Giorgio Agamben advertia os navegantes: "O dever original de uma revolução nunca é simplesmente o de 'mudar o mundo', mas, também e sobretudo, o de 'mudar o tempo'".[64]

Trata-se de uma deformação do tecido do mundo que é determinada a partir de uma descontinuidade temporal, uma interrupção da História, pela qual o tempo destituinte — que irrompe no presente soldando-se com o passado dos oprimidos

---

63 Eduardo VIVEIROS DE CASTRO. "The Untimely, again", em Pierre CLASTRES, *Archeology of violence* (Los Angeles, Semiotext(e), 2010, p. 15; ed. bras.: "O intempestivo, ainda", em *Arqueologia da violência*, op. cit., p. 304.

64 Giorgio AGAMBEN, *Infanzia e storia. Distruzione dell'esperienza e origine della storia* (Torino, Einaudi, 2001), p. 95; ed. bras.: *Infância e história: destruição da experiência e origem da história* (Belo Horizonte, UFMG, 2005), p. 111.

— perfura a crosta do tempo ordinário, deformando de modo irreversível seu curso, seja passado ou futuro. No tempo da destituição, é possível depor a vida assertiva em vigor, enquanto se torna presente a possibilidade profana de uma forma de vida orientada para a felicidade que está fora das leis — não *contra* nem *em meio*, mas, sim, *fora* das leis. Sair do direito, sair da economia, sair do Governo, ao invés de se contrapor dialeticamente e recompor repetidamente a sua constituição. O comunismo é um estado de fato, não um estado de direito.

Tende-se a esquecer frequentemente que a guerra não tem uma dimensão exclusivamente espacial e que, certamente, o tempo é para ela um fator decisivo. Conduzir a guerra revolucionária no tempo significa "ter o tempo", ou seja, ganhar uma distância do presente, reduzi-lo a algo estranho — "Podemos apenas ver à distância [...] Quem permanece em si não aprende"[65] — e, portanto, interrompê-lo para liberá-lo daquele vazio que nos mantêm prisioneiros na continuidade circular da catástrofe. Se o presente nos aparece como uma fortaleza a conquistar, por consequência, não basta sabotá-la de dentro, é preciso assaltá-la também de fora; aqui está toda a dificuldade do caso, que consiste em pensar este *fora*. Em todo caso, este é um problema inevitável, pois só os que chegam a viver plenamente nesse outro tempo, incluindo suas reviravoltas e suas fraturas, podem habitar uma forma de vida destituinte.

Destituir, nesse sentido, quer dizer ganhar um espaço de exterioridade absoluta (o Grande Fora), o qual precisa ser distinguido atentamente de outro tipo de exterioridade hostil. Por ora, basta dizer que a exterioridade absoluta coincide com uma absoluta interioridade (o Grande Dentro). Nessa coincidência, que neutraliza a possibilidade de que venham a constituir um dispositivo, surge a violência destituinte. Por outro lado, para a esfera constituinte, a violência encontra a sua (des)medida com base em um fator exterior que domina completamente o seu funcionamento a partir de uma divisão temporal fundamental; de fato, é o valor do seu fim último, a ser alcançado no futuro,

---

65 Heiner MULLER, *Conversazione con Wolfgang Heise, Tutti gli errori. Interviste e conversazioni 1974-1989* (Milão, Ubulibri, 1994), p. 168; ed. bras.: "Uma conversa entre Heiner Muller e Wolfgang Heise", *Revista Magma*, (3), 1996, p. 105.

que determina a qualidade do meio utilizado hoje. Ou vice-versa: é o meio utilizado "de acordo com a lei" que determina a justeza do seu fim. É dessa maneira que a exterioridade constituinte, subsumindo e triturando "legitimamente" tudo o que se apresente como irredutivelmente estrangeiro, torna-se o *interior* sufocante do Governo, com seu messianismo pervertido que produz um eterno presente sem saída e sem redenção.

Há quem identifique a coincidência entre a absoluta exterioridade e a absoluta interioridade com a transcendência, há também quem nomine essa coincidência como imanência. Mistérios do pensamento. O importante é compreender que é apenas a partir do seu ponto de coincidência — em latim, "o que acontece junto, que cai junto" — ou seja, da sua contemporânea destituição, que é possível estar no mundo ao modo dos devires revolucionários e pensar, hoje, sobre o que pode significar sua "organização".

De fato, em tempos normais, nunca somos verdadeiramente contemporâneos do presente, há uma lacuna entre o que vivo de sensível e o tempo da História que escorre insensivelmente no cubículo do presente; entre a revolução e *este* tempo não há qualquer relação verdadeira, exceto a guerra. A coincidência, então, é aquele momento que está em uma relação de subversão com o tempo hegemônico, de tal modo que surge a possibilidade de ultrapassar essa lacuna, não se identificando com o presente, e sim fazendo-o explodir. É aquele fragmento de tempo pelo e dentro do qual podemos declarar estar presentes em nós mesmos. Presença da inatual atualidade da revolução. O que é certo, de todo modo, é que nem a boa exterioridade, nem a boa interioridade, sozinhas, são dimensões adequadas ao devir revolucionário: a nossa história, a nossa *tradição*, não fala de outra coisa. É a isso que se chama evidência.

GREVE DESTITUINTE I
justiça × direito

Mas nada se encontra onde deveria estar.
Tudo está em algum outro lugar.

— Gershom Scholem, *A Cabala e o seu simbolismo*[66]

No seu ensaio sobre a *Gewalt*,[67] Benjamin cita a "greve geral proletária" como exemplo de violência pura e destituinte, argumentando que esta poderia até mesmo começar com o uso do direito de greve, mas que seu verdadeiro significado se cumpre na realização da destruição do poder estatal, ou seja, na imediata destituição do direito e na supressão do trabalho assalariado, no fazer coincidir a suspensão da lei com o fim da violência e da exploração. Assim, é diferente da "greve geral política", cujo objetivo é sempre obter resultados parciais e exteriores, adquirindo, portanto, o caráter de uma violência constituinte. A greve é verdadeiramente destituinte quando não permite mais a reconstituição das potências inimigas. A questão a desvendar

---

66 N. da T.: Tradução nossa do italiano. Ed. bras.: Gershom SCHOLEM, *A cabala e o seu simbolismo* (São Paulo, Perspectiva, 2019).

67 N. da T.: Trata-se do ensaio *Zur Kritik der Gewalt* de 1921, traduzido em português como "Crítica da violência — Crítica do poder", em Walter BENJAMIN, *Documentos de cultura*..., op. cit., pp. 160-175.

é, por conseguinte, não só como se gera uma greve destituinte, mas também como uma greve política pode se transfigurar e entrar em um devir revolucionário.

Algumas advertências para o uso: o que devemos notar, na questão da greve benjaminiana, é o seu *gesto* e a sua *citabilidade*, ao mesmo tempo, é preciso evitar cautelosamente identificar-se com a figura do operário do século XX. Isso quer dizer que o proletário é a constante, o operário é uma contingência. De outro lado, é evidente que, quando Benjamin diz "greve geral proletária", está falando de uma hipótese insurrecional dentro de um processo revolucionário. Enfim, seu método de trabalho nos ensina que é possível salvar um fragmento do passado se, no instante presente, formos capazes de arrancá-lo das condições históricas em que aquele determinado passado aconteceu, e recompô-lo em uma nova constelação capaz de subverter o devir histórico.

No caso da greve política, no dia seguinte se volta às fábricas — a qual, para nós contemporâneos, está em toda e nenhuma parte —, na melhor das hipóteses, com um direito ou alguns centavos a mais, ou seja, com uma modificação *exterior* das condições de trabalho; em todo caso, como assujeitados, e a cadeia de eventos e de existências, a "catástrofe", continuará como ontem, como hoje, como amanhã: *como sempre*. No segundo caso, ao contrário, a interrupção do trabalho, a saída das fileiras, a interrupção do tempo normal, o abandono da relação com o poder, coincide com o início de um processo destituinte.

Rosa Luxemburgo, em sua polêmica com os anarquistas e com os reformistas, definia muito bem a questão, argumentando que o que ela chamou de "greve das massas" não pode ser fabricada "artificialmente" — ou seja, de fora — nem "decidida" por alguém ou "difundida", mas resulta sempre de uma "necessidade histórica", o que precisamente deriva do encontro de uma realidade com uma verdade. Se a greve é reduzida a uma ação defensiva ou subordinada às dinâmicas da democracia representativa (ou até mesmo a um "festival"), escapará tanto da realidade quanto da verdade. Segundo ela, a verdadeira greve não é um evento pontual e sim um processo, ou ainda, deve ser configurada dentro do vasto processo histórico da revolução. O assim chamado "longo 68" italiano foi um processo desse gênero, assim como, voltando aos nossos dias, se quisermos entender melhor a greve de caráter pré-insurrecional que há meses vem atravessando a França neste 2016, devemos situar seu *terminus ante quem*[68] entre 2005 e 2006, entre a revolta nos subúrbios[69] e o movimento contra o Contrato de Primeiro Emprego.[70] De fato, Rosa Luxemburgo escreve: "A greve de massas é antes um termo que designa globalmente todo um período da luta de classes que se estende por vários anos, às vezes por décadas",[71] mas, atenção, "não é a greve de massas que conduz à revolução, mas é a revolução que produz a greve de massas".[72]

A greve destituinte ocorre em uma descontinuidade temporal que cria um espaço de autonomia, compreendido dentro de um processo revolucionário que ocorre em saltos, ao contrário da greve política, que é um ponto situado na linha contínua da temporalidade dominante. Esse é um elemento de importância crucial: a greve destituinte não é um fato isolado, mas um processo constelado por eventos e contraeventos — em sua descontinuidade, há o tecer de alianças e a configuração de inimizades, até que a cascata de fragmentos do passado oprimido encontre o futuro na destruição do presente. Isso nada mais é do que o devir da força histórica que chamamos de comunismo. Para compreendê-lo ainda melhor, portanto, é necessário dedicar uma atenção especial, de um lado, à descontinuidade do processo — ao que aconteceu ou não durante as interrupções súbitas ou impostas — e, de outro lado, ao fato de ser

---

68   N. da T.: Expressão latina, usada também em direito, para indicar o provável início mais recente de um determinado evento.

69   N. da T.: *Banlieues* é uma palavra francesa que indica zonas e cidades suburbanas mais pobres, na periferia das metrópoles.

70   N. da T.: O Contrato de primeiro emprego — *contrat première embauche*, CPE, em francês — foi um tipo de contrato proposto na França que teria entrado em vigor em abril de 2006 e que estabelecia que trabalhadores com menos de 26 anos poderiam ser demitidos nos primeiros dois anos de emprego sem qualquer justificativa. O CPE não foi sancionado em razão da intensa oposição de estudantes, sindicatos e ativistas. As manifestações e revoltas tomaram grandes proporções, culminando, em março de 2006, em manifestações que reuniram milhões de pessoas em todo o país, paralisando cidades inteiras.

71   Rosa LUXEMBURG, *Sciopero di massa, partito, sindacato* (Roma, Newton Compton, 1977), p. 62; ed. bras.: "Greve de massas, partido e sindicatos (1906)", em *Textos escolhidos*, vol. I (1899-1914), org. Isabel Loureiro, trad. Stefan Klein Grazyna Costa (São Paulo, Unesp, 2018), p. 55.

72   *Ibid.*, p. 69 [306].

caracterizado por uma multiplicidade de focos (e não por uma centralidade, a partir da qual se irradiaria a greve).

Definitivamente, se a greve política pode ser prevista pelo direito e visa produzir um novo direito, sem nunca se colocar fora da esfera jurídica do Estado, a greve geral proletária se põe imediatamente em uma relação de heterogeneidade com aquela esfera, pois não quer ocupar o lugar do poder, substituindo-o simplesmente, e sim destituí-lo. *A greve destituinte não reivindica nada, mas afirma negativamente.* Pasolini talvez não pensasse em algo muito diferente na famosa e discutida poesia *O P.C.I. aos jovens*,[73] um poema polêmico que ele endereçou provocativamente aos estudantes de 1968, que aparentemente nunca foi lida até o final, quando ele chicoteava, escrevendo: "Parem de pensar em seus direitos, parem de reivindicar o poder".

Romper com o direito e com o poder: é assim, em todo caso, que a destituição é pensada por Benjamin, como autêntico gesto revolucionário. A velha questão "reforma ou revolução" é liquidada implacavelmente através de uma mudança de perspectiva radical em relação ao pensamento político dominante (incluindo o especificamente revolucionário), para o qual, geralmente, a ação correta se resolve em "tomar o poder" ou na espera infinita por um apocalipse fantasmagórico com final palingenético. Não se pode deixar de notar que, desde a escolha das palavras feita por Benjamin para distinguir as duas formas de greve, com base em Sorel, há uma clara e forte crítica à ação política moderna. Destaca-se, também, que é só a dimensão proletária-revolucionária que acerta aquela *política*, ou seja, aquela em que se determina uma verdadeira cisão no estado presente das coisas. *Verdadeiramente alternativo à política moderna não é o que hoje se costuma chamar antipolítica, que é só uma sua variante, e sim o devir revolucionário.*

O gesto destituinte, que não se especifica como ação dos cidadãos genéricos ou de uma humanidade homogênea e vazia, mas como o uso do político pelo proletariado, permite, sobretudo, abrir uma bifurcação espaço-temporal e ético-política:

---

73 N. da T.: Pier Paolo PASOLINI, *Poemas: Pier Paolo Pasolini* (São Paulo, Cosac Naify, 2015), p. 233.

aquela entre *justiça* e *direito*. A verdadeira justiça não se identifica com nenhuma instituição ou virtude, como diz o próprio Benjamin, é um "estado do mundo". Portanto, combater a injustiça quer dizer lutar para sair do atual estado de mundo e ajudar a instaurar aquele da justiça. Insurgir-se e destituir o Governo significa tornar inexequível a sua lei, por meio de um gesto que não tem objetivo nem significado jurídico: enquanto exteriormente destitui o mundo presente, interiormente já é a instauração desse outro estado de mundo.

A violência ilimitada, sanguinária, radical — dizia Benjamin em 1921 —, claramente só aparece no primeiro caso, aquele político-extrínseco, no qual florescem os direitos e a polícia — os quais conservam o atual estado de mundo —, e não no gesto da destituição que, realizando a justiça no seu próprio realizar-se, configura-se como um *meio de pura destruição*: "Destrutiva é também a justiça, que coloca destrutivamente *freio* à ambiguidade construtiva do direito".[74] Entre as muitas (e frequentemente reacionárias) configurações do *katechon*, a justiça é a que mais corresponde a sua versão revolucionária. Nessa visão, qualquer poder constituinte/constituído está abaixo, muito abaixo, da justiça. Eis porque, entre outras razões, a esquerda sempre teve as mãos sujas de sangue dos que dizia defender, colocando-se, com a sua série de ações privadas de justiça, como freio ao advento da transformação do estado do mundo.

A aparição da justiça é sempre a aparição de um mundo de verdade que começa a crescer dentro e contra este mundo de mentira; depois — quando, no seu proceder, encontra uma realidade histórica que coincide com este —, torna-se seu heterogêneo. O dentro e contra se transmuta em fora e contra — uma passagem que, com Benjamin, podemos definir como a do "despertar". Ficar indeterminadamente no "dentro e contra" significa permanecer indefinidamente no âmbito do sonho; claro que "sonhar é preciso", mas nunca despertar pode se tornar, em algum momento, uma posição confortável. Definitivamente, é uma posição manca, insuficiente. É no ponto de tangência dos dois mundos, no instante em que tocam o limiar decisivo,

---

74 Walter BENJAMIN, *Karl Kraus*, op. cit., p. 132, grifo de M. T.; ed. port.: *Ensaios sobre literatura*, trad. João Barrento (Lisboa, Assírio & Alvim, 2016).

que o presente explode e assistimos ao embate entre dois mundos que se tornam, então, inimigos um do outro, uma vez que sua esfera de hostilidade foi rompida. Violência jurídica contra violência pura — violência mítica contra violência divina. A revolta, que escaneia anarquicamente as oscilações deste tempo suspenso entre o sonho e o despertar, serve justamente para tornar mais claro o que parece ordinariamente confuso. A revolta cria aquele *fora* do qual é possível atacar a fortaleza do presente. *Kommunismus* é o esforço para fazer coincidir, na prática, esse fora e nossa singular interioridade.

Exatamente porque estamos habituados a viver no tempo de um sono artificial e fatigante, não nos escandalizamos nem um pouco ao encontrar a mentira no campo revolucionário — "Tudo, até a mentira, está a serviço da verdade", sussurrava Kafka ao seu jovem amigo Janouch — assim como sabemos bem até demais que podemos encontrar fragmentos de salvação assentados no campo inimigo, a ética revolucionária não parece ter esse tipo de preocupação moral. Para saber distinguir os fragmentos, é necessário estar desperto, porém capaz de rememorar o sonho.

No mundo da hostilidade generalizada em que vivemos, ao contrário, tudo nos é apresentado como *equivalência*, como *tudo igual*: verdade e mentira, bem e mal, domínio e sujeição, como se fossem significantes vazios, objetos insensatos, existências irreais, coisas igualmente permutáveis entre si e facilmente traduzíveis na linguagem sulfúrea do equivalente geral. A regra das formas de vida revolucionárias é, portanto, esta: individuar e aniquilar a mentira, ser capaz de determinações materiais dentro do movimento dos espíritos que agita os mundos, saber reconhecer e recompor incansavelmente os fragmentos de salvação que compõem um mundo e "fazê-lo durar, e dar-lhe espaço". O mundo profano só pode ser composto por fragmentos, "um mundo de muitos mundos", mas a práxis revolucionária os restitui à sua singularidade, ou seja, à sua justa, profana, passageira, realidade.

É assim que, de um lado, se aniquila a hostilidade e, do outro, se vence o inimigo. Mas, se é verdade que durante o reconhecer e recompor, mediante o exercício contínuo de atenção aos fenômenos, torna-se possível um devir revolucionário, ao contrário, continuar a crer que existam sujeitos revolucionários que se aplicam em produzir voluntariamente uma realidade revolucionária, hipostasiando uma divisão entre sujeito e objeto, é refletir uma ilusão por demais presente na história dos movimentos revolucionários. Afinal, esses sujeitos revolucionários, por sua vez, são subdivididos internamente, de um lado, entre o militante que aparece cindido como sujeito moral agindo em nome do verdadeiro Sujeito (que é sempre uma forma qualquer de exterioridade institucional) e, de outro lado, imaginando o seu objeto como matéria bruta da História que se torna o produto do seu trabalho.

O que é necessário recompor não é nem um sujeito nem um estado do social, é precisamente um mundo e uma forma de vida. Um mundo de potência que toma forma em uma multiplicidade de mundos. Isso significa que, na história profana, nunca haverá unidade, totalidade perfeita; que todo fragmento para o qual é dada uma forma pode se tornar uma daquelas; e que a persistência dos fragmentos impedirá que a Lei se reconstitua e continue a funcionar.

É útil rememorar, enfim, que o primeiro território onde se individua a mentira e os fragmentos de salvação, onde se reconhecem os amigos e dá-se um rosto aos inimigos é, obviamente, a nossa vida anônima e singular. Afinal, também para ela há um mundo de potências que se precipitam em uma forma.

A "velha toupeira" continua a cavar, mas, como todos sabem, ela é quase cega. Não segue em uma direção preestabelecida pela sua visão subjetiva, não tem um programa a realizar no futuro; seu olhar está voltado para outras coisas, e seu sentido mais desenvolvido é, na verdade, o tato. Assim, de acordo com Benjamin, ter tato significa a habilidade de tratar as relações sociais como se fossem relações naturais, de modo que nos aproxime do nosso verdadeiro, "paradisíaco", ser-no-mundo.

Um dia, a toupeira desaparecerá num buraco distante e sua existência será identificada com o túnel e os buracos que escavou enquanto vivia; assim, sua vida se tornará indistinguível do seu território. Improvisadamente, reencontramo-la aqui, perto ou dentro de nós. A toupeira escavou nossas vidas e se dissolveu: agora somos nós, a nossa forma de vida, o território da toupeira, o que faz desabar o mundo de cima. E a esse desabar Marx chamava "revolução".

GREVE DESTITUINTE II
"no future for us"

I use the best
I use the best

— Sex Pistols, "Anarchy in the UK"

Nos últimos anos, fomos muito questionados sobre a greve: a greve ainda é algo válido, há ainda um *resto* seu que pode interessar a nós, que vivemos depois do poente do Movimento operário? Como podemos entender, hoje, uma greve *à la* Benjamin, ou seja, uma greve destituinte? Como podemos *salvar* esse gesto?

A questão da greve sempre foi uma questão de temporalidade. A greve clássica — o que, com Benjamin, chamamos de greve política — tem um início e um fim previsíveis, uma temporalidade reativa subordinada à contratação e, nos melhores casos, objetivando a conquista de um ganho exterior. Assim, essa é uma temporalidade agitada e comandada por uma lógica econômica, um cálculo feito sobre brevíssimo período para aludir a um futuro distante em que todos estarão bem, trabalharão o justo pelo justo, os cidadãos não terão mais necessidade de fazer greves porque todo o direito estará do seu lado. Ora, omitindo todos os problemas que uma ideia desse tipo traz consigo hoje, inclusive o da eliminação de todas as mediações jurídico-políticas que davam eficácia a esse tipo de ação, o seu principal problema consiste em sacrificar a eventual potência da greve — a de uma interrupção que extrapola as existências singulares, infundindo aquele entusiasmo coletivo pelo qual é possível agarrar a própria chance revolucionária — por um futuro que não existe mais no tempo em que vivemos. Ou melhor: o que existe hoje, como ideia de futuro, nada mais é que um dos instrumentos de domínio que o capitalismo possui, manipula e conserva estreitamente entre suas garras. O futuro é agitado como uma ameaça contra nós, uma chantagem por meio da qual precisamos aceitar o presente assim como é: "que dure o maior tempo possível!" — situação que se expressa plasticamente nas manifestações que acompanham as greves políticas de hoje, nas quais todos sabem que não servirão absolutamente para nada, só para confirmar o presente, pois nada deve acontecer verdadeiramente; não servirão nem mesmo para uma pequena modificação exterior da realidade, a não ser que a entendamos como pura exposição de um estado ainda *semelhante* à vida. Uma greve zumbi.

Todo discurso contemporâneo sobre a "crise" que se queira crível precisa evidenciar que o termo futuro não tem mais nenhum valor liberador; aquele conceito, se olharmos a história do último século, pôde ter um sentido enquanto o mundo era materialmente dividido em dois campos: o capitalista e o socialista — divisão que, por sua vez, permitia subsequentes divisões, ou seja, outros devires possíveis. O fim daquela divisão — que tornou a guerra civil mundial começada em 1917 algo de extremamente sensível e inteligível em toda parte — trouxe consigo o fim de uma ideia de futuro desejável, a incapacidade de perceber a profundidade da história e a disseminação de um sentimento de medo de toda dimensão alternativa de tempo, aprisionando o mundo no presente, o nosso presente. Mesmo assim, o colapso dessa divisão também gerou uma grande possibilidade para os revolucionários: a separação entre comunistas e poder — como notou em seu tempo Heiner Müller, e sobre a qual parece que não se refletiu o bastante.

"Crise", na linguagem infocomunicativa atual, significa que quem governa gerencia politicamente a temporalidade histórica, alavancando a ilusão do adiamento de uma catástrofe final — a de um Apocalipse ecopolítico — para obrigar os cidadãos a crer em um presente representado por um Governo concebido como uma barragem de defesa da sociedade; portanto, crer em uma mentira catastrófica, pois o Apocalipse é, com toda evidência, a *Stimmung*[75] que reina no capitalismo realizado, além de ser o tempo que vivemos metafisicamente desde o dia em que foi anunciado por João de Patmos.[76] A greve política, na mira da crítica benjaminiana, tem as mesmas características de uma procrastinação infinita pela reconciliação final, ou seja, de mistificação; nesse sentido, é uma *greve apocalíptica*, que se refere a um tempo colocado além do fim dos tempos. A outra greve, a destituinte, é claramente uma *greve messiânica*, que deve executar *agora* — uma hora que é sempre em ato e em potência — a interrupção do tempo normal. Através dessa interrupção, ou seja, de dentro de uma ruptura do presente, destituir o mundo assim-como-é: o comunismo não é um outro mundo, mas um outro uso deste mundo, conquistado através de um outro uso de si e do tempo. Aqui, o dia do juízo não está além do fim, mas é o fim disseminado em cada presente, uma força que irrompe no tempo profano. Portanto, hoje, na ausência de uma dimensão autônoma do futuro, podemos pensar que os partidários deste contrapresente operem, claro, não por meio de um espírito otimista-progressivo, mas, muito provavelmente, por meio de um "derrotismo construtivo",[77] este belo conceito polêmico evocado por Heiner Müller; ou ainda, para dizê-lo ainda uma vez com Walter Benjamin, organizando o pessimismo.[78]

No que diz respeito aos ambientes da esquerda radical contemporânea, é importante prestar atenção para não reduzir o seu apocalipticismo a teorias que insistem, à maneira de um

---

75   N. da T.: Vocábulo de origem saxônica, inicialmente, no século XVIII, relacionado a afinação ou timbre da voz. Foi, em seguida, utilizado por vários filósofos a fim de conceituar uma atmosfera emotiva ou social, algo como a "atmosfera" ou a "sensação" de um determinado tempo ou modo de pensar.

76   N. da T.: Personagem a que foi atribuída a autoria do livro do Apocalipse, algumas denominações afirmam ser o próprio apóstolo João, referido como autor do quarto evangelho, que no final da vida teria sido exilado na Ilha de Patmos.

77   N. da T.: A expressão aparece no texto de Heiner Müller "Adeus à peça didática", de 1977, publicado em Anabela MENDES, *A missão e outras peças* (Lisboa, Apáginastantas, 1982), p. 81.

78   N. da T.: Walter BENJAMIN, "O Surrealismo. O último instantâneo da inteligência europeia", em Walter BENJAMIN, *Magia e técnica, arte e política*, op. cit., p. 33.

certo Marx, no iminente "desmoronar do capitalismo" causado pelas suas crises.[79] O pensamento apocalíptico mais difuso na esquerda não parece ser desse tipo. Ao invés disso, o que parece ser muito mais difundido é uma atitude em relação à temporalidade que insiste no futuro "roubado" e por reconquistar, ou, ainda, obscuro e que deve ser adiado sempre mais, produzindo uma vida amarrada a um presente sem fim, que *imita* o tempo messiânico — nesse sentido, o eterno presente do capital é o macaco de Deus, o apocalíptico "tempo do Anticristo". Em seguida, há aquele que crê que é necessário acelerar e incorporar-se *no* desenvolvimento tecnocibernético do capitalismo para poder finalmente superá-lo no futuro — em outras palavras, o "dentro e contra" operário transformado em danação apocalíptica —, ou aquele que precisa esperar, porque o momento chegará, mas não depende de nós e sim das leis do capital, da sociedade, da ciência ou do marxismo, ou porque ainda não há pessoas suficientes convertidas ao anarquismo militante. Por último, há aqueles que predicam o retorno a um "humanismo radical" que restaure a boa e velha noção de sujeito (kantianamente constituinte, claro), de modo a ganhar um pouco mais de tempo e, enquanto esperam, apoiar algum candidato humanista nas últimas eleições. É o tempo linear, tão familiar ao Ocidente, que ainda dita angustiadamente seu ritmo neste ulterior apócrifo do Livro da Revelação. Por isso: a espera impaciente do ativista por um evento clarificador que nunca chega e que se deve rastrear por toda parte; o contínuo adiamento, sindical, de uma catástrofe que obviamente não é algo que acontecerá no futuro, pois é o próprio funcionamento do Governo que a faz perdurar *agora*; a confiança do velho militante no desenvolvimento das forças produtivas ou na queda tendencial da taxa de lucro, porque assim quer o decálogo da sua ceita marxista; ou ainda, a produção anárquica de uma infinidade de *ações* que, sem nenhum contato com a vida comum, deveriam se transubstanciar na consciência dos "explorados", etcétera, etcétera, etcétera.

---

79 Como faz, por exemplo, grande parte dos autores de *Catastrophism. The Apocalyptic Politics of Collapse and Rebirth*, que reúne ensaios de S. Lilley, D. McNally, E. Yuen, J. org. Davis. Ver Sasha LILLEY, *Catastrophism: the apocalyptic politics of collapse* (Oakland, PM Press, 2012).

Enquanto isso, o capitalismo *roda* através das catástrofes, das crises, das pandemias, até mesmo das revoltas, encontrando sempre uma nova boa ideia para governar, um bom ganho para sua empresa e, *last but not least*, para a produção de subjetividades apocalípticas. Para o Governo, o apocalipse-crise é uma tecnologia política exemplar, um modo normal de gerir a catástrofe que se reproduz a cada movimento seu, e por meio da qual objetiva modelar a percepção de massa do real, de modo a sugerir que ele (o Governo) está aqui para permitir o adiamento contínuo do fim, instaurando um tipo de cárcere seguro: "graças à segurança, à tecnologia, à política, você ainda tem um pouco de tempo para se divertir". É o tempo das *happy hours*, dos aperitivos, das noites de muito MDMA nos locais mais "descolados" da metrópole, celebrando o luto de uma comunidade inexistente; ou aquelas noites plenas de arrependimento, e só aparentemente mais sóbrias, transcorridas com a própria família pequeno-burguesa mas-um-pouco-alternativa, depois de um dia inteiro vendendo os próprios sorrisos aos clientes, ao patrão, ao *manager*, à cooperativa do bairro, ao centro social no quarteirão gentrificado. Tudo para não pensar na catástrofe, no rosto de ferro e carbono da liberdade oferecida pelo presente.

O modelo apocalíptico realizado pela *governance* não é, portanto, um sinal inequívoco da crise mortal do capitalismo, e sim da vitalidade de sua máquina infernal. Vivemos em um não mundo que *funciona*, mas se tornou *invivível*, um não mundo que continua *produzindo*, mas que é *inabitável*. A nossa subjetividade não é externa a tudo isso, ela também funciona e produz, mas também é invivível e inabitável. Na verdade, gerar subjetividades apocalípticas significa produzir sujeitos que se habituem a viver na catástrofe, e mais, a sorrir para ela, e para os quais se arrumam ambientes assépticos, de preferência digitais, que sejam seu domicílio coagido. Inventaram até um nome mais moderno e esperto para esta tecnologia de governo da sobrevivência, chamam-na "resiliência", justamente para indicar a ausência de caminhos de saída de onde se está, o que quer dizer: a obrigação de ficar feliz ali onde se está e não se pode nada.

Deleuze já dizia: "O Apocalipse é uma imensa maquinaria, *uma organização já industrial*, Metrópolis [...] O Apocalipse não é o campo de concentração (Anticristo), e sim a grande segurança militar, policial e civil do Estado novo (Jerusalém celestial)".[80] Há mais apocalipse nas *noites brancas* organizadas pelos governantes metropolitanos do que em qualquer notícia de tabloide sobre algo que aconteça em uma periferia perdida no mundo. O capitalismo é como uma bíblia em que todos os símbolos e rituais são os mesmos de sempre, *mas* invertidos e mutilados. Talvez, assim como os revolucionários já fizeram muitas vezes na sua história, devamos liberar o desejo de *acabar* contido no Apocalipse e, então, *expô-lo*. Fim da normalidade e início da vida redimida: nenhuma transição.

No entanto, a virtude dos grandes espíritos revolucionários foi ocupar-se pouco ou nada com o futuro da revolução, dedicando todo o tempo e a força ao seu devir e a como fazê-la. Bertold Brecht: "em breve, preciso da revolução real de verdade, em breve, é-me concedido pensar só até onde começa a revolução, no meu pensar, devo poupar a revolução".[81] É só a partir do momento em que começamos a nos preocupar com seu futuro, antes ainda de realizar a revolução, que aquela virtude decai em cinismo e oportunismo.

Nesse sentido preciso, *a revolução não tem futuro*; nunca o teve, pois a revolução não é um destino. Ela não é um fim a alcançar no futuro, acumulando infinitamente meios tecnológicos, jurídicos ou morais; a revolução é um processo que se pode declinar somente em um potencial presente, na sua atualidade integral. É um processo sem progresso que se realiza, a cada momento e para sempre, em todo gesto único que abre uma saída do presente organizado pelo domínio. A única acumulação que concerne à revolução é aquela descontínua dos gestos no passado, e que constituem a sua tradição. A revolução que vem não é alguém a nos esperar em uma sala remota do palácio do futuro: ou é já aqui, em meio a nós, ou é nada. Que haja distâncias em meio a nós e entre nós e a revolução que possam parecer incomensuráveis é outro

---

80 Gilles DELEUZE, "Nietzsche e San Paolo, Lawrence e Giovanni di Patmos", em *Critica e clinica* (Milão, Raffaele Cortina, 1996), pp. 62-64; ed. bras.: "Nietzhche e São Paulo, D.H. Lawrence e João de Patmos", em *Crítica e clínica* (São Paulo, Ed. 34, 1997), pp. 53, 55.

81 Trecho de uma conversa de Brecht com Walter Benjamin e Herbert Ihering. Ver Walter BENJAMIN, *Sul concetto di storia* (Turim, Einaudi, 1997), p. 312.

assunto, que não diz respeito ao futuro, e sim à nossa cruel percepção da época, à dificuldade em elaborar um pensamento estratégico comum e à incredulidade difusa sobre o fato de um processo revolucionário ter algo a ver com uma realidade impregnada de verdade — além da patente incapacidade de fazer uma experiência decente com a nossa própria vida.

Tudo o que cheira a progressivismo deve, então, hoje mais que nunca, ser percebido como algo profundamente hostil, como um afeto que tenta corromper nossas forças, para insinuar a dúvida insidiosa de que a única esperança bulímica que tenhamos à disposição seja a de um tempo que nunca vivemos e que, na verdade, ninguém poderá jamais viver porque o futuro deste mundo é marcado, engolido por este presente. Já faz tempo que o capitalismo não é mais progressista, o proletariado nunca o foi; enfim, é só a esquerda que teimosamente continua servindo esse ídolo da modernidade. *No future*, o slogan punk do fim dos anos 1970, talvez tivesse um significado diferente daquele superficialmente niilista que muitos, também entre nós, supuseram quando da sua enunciação. Nesse sentido, o punk foi um grande momento de verdade sobre o fim de uma época, predicado por descendentes dignos dos antigos cínicos.

Por outro lado, é notável que a única ideia de futuro no campo da opinião pública mundial seja constitutivamente apocalíptica; os sacerdotes de Cristo e os filósofos afeitos a um pessimismo impotente não anunciam mais o fim do mundo, este é agora o sermão cotidiano dos cientistas ocidentais — que são os principais operadores do apocalipse contemporâneo — e dos jornalistas, seus arautos. Até a prédica sobre o poder constituinte parece sempre prometer a procrastinação de um fim futuro, a busca ofegante por uma barganha no presente e por uma reconciliação final no futuro; por ora, resta o contentamento em ainda respirar. Mas o apocalipse não é uma profecia, é a descrição do presente: "Que o mundo se destrua, não é uma simples hipótese: é uma simples constatação, da qual parte hoje qualquer reflexão sobre o mundo".[82] A literatura e o cinema contemporâneos fizeram dele um gênero de sucesso: obras nas quais o apocalipse

---

82 Jean-Luc NANCY, *La creazione del mondo o la mondializzazione* (Turim, Einaudi, 2003), p. 8.

acontece em um passado que se assemelha ao nosso hoje e o presente se identifica com a vida em um mundo pós-apocalíptico. Mas, advertia Kafka, a escrita não habita em si mesma. É totalmente inútil esperar um fim do mundo pirotécnico, incrementado com um banho de violência e uma gloriosa explosão final. De fato, a verdade é que este mundo já acabou, no sentido em que — como foi notado pela Lei uma vez — ele existe, mas não significa mais nada. *Um mundo que funciona, mas é privado de sentido, não é mais um mundo, é um inferno*. Pasolini havia nos advertido, uma noite antes de ser assassinado na hidrobase de Ostia, no subúrbio romano: "O inferno sobe vindo de vocês".[83]

Ajudar a pensar o que destruir deste presente infernal é a única função positiva da utopia política, notou um dia Walter Benjamin. Então, o mundo "como gostaríamos que fosse", a utopia, não é uma imagem da qual nos servimos para se projetar no futuro: serve sim, mediante o atento exame dos elementos do presente que não estão presentes no mundo utópico, para individuar o que agora deve ser enfrentado porque *merece* ser destruído, para que literalmente não tenha mais lugar. A utopia é uma ficção que visa iluminar o mal no hoje, mais que o bem no futuro; ela não nos fala tanto da beatitude do futuro, mas das distopias do presente, não do que é necessário *adicionar*, mas do que é preciso *subtrair* do hoje. Um pensamento revolucionário que quisesse se utilizar da utopia seria, portanto, um que se definisse como operação de subtração e de ataque no e contra o presente, para tirá-lo de si, e não como um aumento exponencial do hoje no futuro. A utopia é um dos meios, nesse sentido específico, que constituem aquele *fora* por meio do qual se assalta a fortaleza do presente.

Liberar um espaço do feitiço da mercadoria, fazer ruir a hipocrisia das relações sociais, neutralizar a magia negra que nos mantém presos através da economia política da vida, "separar-se da memória que não funciona" — dizia Ernesto de Martino[84] — e assumir e vingar a dos vencidos, restituir os objetos

---

83 Pier Paolo PASOLINI, "Siamo tutti in pericolo", em *Saggi sulla politica e la società* (Milão, Mondadori, 1999), pp. 1723-1730; ed. bras.: "Estamos todos em perigo. Última entrevista de Pier Paolo Pasolini com Furio Colombo" (1975), tradução de Bernardo RB, em *Caderno de Leituras n. 86* (São Paulo: Chão de Feira, 2019), p. 7. Disponível em: https://chaodafeira.com/catalogo/caderno86/.

84 N. da T.: Ernesto de Martino (1908-1965), antropólogo e historiador italiano das religiões.

à sua realidade, escapar do mundo da valorização, desertar do Ocidente e do próprio Eu. Enfim, tudo isso vale mais do que, por exemplo, ocupar um lugar qualquer sem ter uma ideia de como habitá-lo ou comemorar um gesto vitorioso passado para nos consolar de nossa atual impotência. Nunca se identificar com qualquer dos vencedores da História, por outro lado, é a regra áurea do revolucionário histórico. Só depois de completar aquela operação destrutiva é possível que outras coisas, outros seres, outras vidas venham a habitar aquele espaço e aquele tempo, e façam uso livre deles, diríamos: na justiça, ou seja, sem que tenham qualquer direito sobre eles.

Porém, a vigência sem significado deste mundo assinala um tempo messiânico *já* em curso, que, embora fixado em um tipo de indecidibilidade que bloqueia seu devir,[85] pode ser liberado por uma potência que destitui o caos, a confusão e aquela insignificância generalizada através da qual o Governo gere anarquicamente seu funcionamento incessante. O obstáculo a destruir é a normalidade férrea que este estado infernal do mundo alcançou; os homens e as mulheres ocidentais — os "homens de Mahagonny" — são tão viciados que consideram que não pode existir nada pior, mas também nada melhor, e por isso podem passar do estado de danados (que expiam uma culpa) ao de demônios (que infligem terror e infelicidade). Foi Hannah Arendt, refletindo sobre a socialização no nazismo, quem descobriu este fenômeno moderníssimo que faz com que as exigências *econômicas* de uma época como a nossa possam transformar, a qualquer momento, o cidadão laborioso, bom pai de família, em "homem-massa e convertê--lo no instrumento de qualquer loucura e horror".[86] E sabemos

---

85 Ver Giorgio AGAMBEN, *Il messia e il sovrano*, in *La potenza del pensiero. Saggi e conferenze* (Vicenza, Neri Pozza, 2005), pp. 251-270; ed. bras.: "O messias e o soberano", em *A potência do pensamento: ensaios e conferências* (Belo Horizonte, Autêntica, 2015), pp. 223-239.

86 Hanna ARENDT, "Colpa organizzata e responsabilità universale", em *Ebraismo e modernità* (Milano, Feltrinelli, 1993), p. 73; ed. bras.: "Culpa organizada e responsabilidade coletiva", em *Compreensão: formação, exílio e totalitarismo* (ensaios), trad. Denise Bottman; org., intr. e notas Jerome Kohn (São Paulo, Companhia das Letras; Belo Horizonte, Editora UFMG, 2008), p. 158. N. da T.: Optamos por manter a expressão traduzida do italiano "uomo-massa", em lugar do termo utilizado na edição brasileira, "homem da ralé", por entender que aquele é um conceito utilizado por Arendt em outros textos.

bem que pogroms de qualquer tipo são possíveis a qualquer momento, tanto nas periferias populares da metrópole quanto nos bairros dos burgueses reclusos nos condomínios fechados: não é a pertença sociológica a uma classe, mas estar o menos em paz possível com a época e com este mundo, que decidem não *quem você é*, mas *como ser o que você é*. A classe revolucionária nunca foi uma classe econômica, por isso tem a faculdade de realizar atos de justiça.

O outro problema que a greve política apresenta, assim como a política clássica em geral, é o de hipostasiar o *sujeito* da greve (e da revolução), modelado sobre a imagem daquele esculpido pela filosofia moderna e, portanto, sobre a centralidade de uma identidade socioeconômica que o sintetize. Esse sujeito tem um vicariato, ao qual é demandada a representação — o Partido, o Sindicato, a Nação, ou ainda, como hoje é cada vez mais frequente, diretamente o Governo. "Sujeito estratégico" significa, então, na grande maioria dos casos, instaurar a centralidade de uma figura especificamente econômica à qual é demandada a representação e a articulação geral dos conflitos em curso e também da paisagem futura.

O partido nunca deveria ter sido o vigário desse sujeito, e sim o plano de consistência sobre e por meio do qual circulam e se organizam as potências revolucionárias. Ao invés disso, Partido e Estado se fundiram, tornando-se o espelho terreno de um Astro dourado que girava ao redor de um mundo que se imaginava parado (não obstante suas inumeráveis convulsões), e que só o Partido-Estado, verdadeiro centro do cosmos, poderia politizar ao refletir sua luz por toda parte. Mas é o Sol que é imóvel e é a Terra que gira, junto com seus habitantes. E sobre a Terra não há *um* centro, são inúmeros que giram, por sua vez, ao redor de um centro que é *vazio*. No devir revolucionário, *eu* não sou o centro de nada, o centro é sempre fora e se desloca, move-se com o mover do mundo, através dos encontros, das experiências, das revoltas. Mas a cada deslocamento horizontal fora de mim corresponde um movimento vertical que é interno, um aprofundamento dentro de si mesmo. No coincidir dessas duas dimensões, encontramos a vertical da revolução, aquela que assalta o céu, ou seja, o *nós*, o partido histórico a que pertencemos.

Ao contrário, o "sujeito estratégico" da política moderna é imaginado como no geocentrismo bellarminiano — são os militantes que devem incessantemente ocupar-se do "falso movimento" do mundo —, e é exatamente essa cosmologia política ptolomaica que sempre determinou a dificuldade dos revolucionários. Os surrealistas já o haviam compreendido nos anos vinte do século XX.

Entretanto, aquela ficção do Sujeito revolucionário não funciona mais como antes, como um ímã que atrai para si todos os estratos da "sociedade civil", até porque não há mais sociedade civil a mobilizar — felizmente, e Marx se alegraria. Em compensação, todos estão em um permanente estado de mobilização, o que quer dizer que a revolução funciona através da sua interrupção e não por uma aceleração ulterior.

Ainda assim, até nas recentes ondas de luta, as estruturas organizadas sobre o modelo constituinte tentaram recriar exteriormente um sujeito centralizado na falta daquele historicamente ligado às lutas de emancipação da modernidade, ou seja, a classe operária. Assim, de quando em vez, assistimos à construção fictícia de uma mobilizadora centralidade dos estudantes, dos imigrantes, dos trabalhadores intelectuais, dos habitantes das periferias, dos devedores, dos cidadãos, e assim por diante. Estes estão, no limite, "coalizados" entre eles para formar um único sujeito governamental que deveria refletir na sua imagem todos os outros sujeitos econômico-políticos que foram, às vezes, pensados como encarnação hipostática do sujeito da revolução — conceito este que se torna "flexível", por sua vez, até a insignificância.

O mesmo Mario Tronti, no prefácio a sua conversa sobre "poder destituinte", notava que o que transformou radicalmente a questão do político pode ser compreendido como o fato de que "o arco do moderno, do sujeito único, do sujeito indivíduo ao sujeito social, concluiu a história do sujeito [...] Tenho a impressão de que, com a emersão da classe operária, do sujeito operário, da subjetividade operária, a história moderna do sujeito foi levada à conclusão".[87] O dispositivo constituinte poderia funcionar somente se a ele fosse acoplado um sujeito; retirado este, o dispositivo gira em falso, ou melhor, no vazio.

---

87 Adriano VINALE, "Sul potere destituente. Discussione con Mario Tronti", op. cit., p. 23.

O que acontece nestes anos, de fato, apresenta-se regularmente na forma de grandes conflitos que carecem de um sujeito diretivo, caracterizados por uma opacidade das subjetividades envolvidas ou, de modo ainda mais significativo, por movimentos de intensificação nos quais os atores tiram suas máscaras sociais; ao arrancá-las, emerge ainda uma outra: uma *máscara comum* que expõe, sem nenhuma outra mediação, uma força sem nome. Esse é um acontecimento para o qual mídia, governo e uma parte dos movimentos sociais tentaram responder, atribuindo-lhes identidades subjetivas ainda mais fictícias que, às vezes, o objetivam como "inimigo interno": a nuvem negra do *black bloc*, o espantalho dos anarco-autonomistas, o espectro dos *casseurs*, se não o absoluto dos pequenos terroristas. Diante da patente impossibilidade de eleger um "sujeito da mudança", há quem tente mudar a formação discursiva, falando genericamente de luta entre casta e povo, ou entre poderosos e pobres, ou ainda confiando-se a um jogo estatístico, o famoso 99%, a fim de continuar a procurar uma centralidade qualquer que produza e represente, de alto a baixo — geralmente resolvida na figura do Governo ou de um simétrico contragoverno, frequentemente ambos juntos, construindo o enésimo *ircocervo*[88] — pensando assim simplificar e resolver a questão. Mas até que não compreendamos que o momento que toda vida *experiencia* dentro e sobre si uma potência destituinte é decisivo para todo devir revolucionário, continuaremos a girar em torno de um problema verdadeiro com ajuda de discursos falsos.

Somos contemporâneos de um tempo em que o sujeito da modernidade teve seu crepúsculo há décadas, e é exatamente este dado que impulsiona alguns dos nossos mais inteligentes pensadores a crer viver, tristemente, em um "tempo sem época". De fato, a época moderna elegeu como princípio ordenador a consciência de si — o Sujeito — após o declínio da consciência do Um, e após o da Natureza, como Reiner Schürmann mostrou magnificamente;[89] nessa mesma obra, o termo "destituição"

---

88 N. da. E.: Trata-se de um animal quimérico (meio cervo, meio cabra) conhecido desde Aristóteles que o usa para falar de como até mesmo o que não existe pode ser por nós significado. Metaforicamente, seu significado assenta-se em uma contradição impossível, em um absurdo desprovido de coerência.

89 Ver Reiner SCHÜRMANN, *Des hégémonies brisées*, op. cit., e *Dai principi all'anarchia. Essere e agire in Heidegger* (Bolonha, Il Mulino, 1995).

também tem um peso relevante. Uma vez desabado também aquele princípio, abre-se uma outra época que termina precisamente como aquela da ruína dos princípios, a época an-arquica, sem fundamentos, a época da destituição integral — portanto, sem Sujeito: vivemos na época do *não-sujeito*.[90] Esse é o luto que tantos amigos ainda não conseguem elaborar. Seria míope negar, assim como fazer a exaltação da época an-arquica — esta requer, mais sobriamente, a tomada de ação e o agir consequente.

O que hoje é miseramente pensado como sujeito é construído a partir do externo, dos poderes-saberes governamentais, cindindo a própria vida e operando sobre um esqueleto vazio ou, ainda, sobre a "vida nua". O sujeito da modernidade sobre o qual pensavam nossos antepassados era algo capaz de resistir e talvez até iniciar revoluções, mas era também imobilizado na sua identidade social, o que dava ao poder uma multiplicidade de pontos de captura; as técnicas disciplinares que se aplicavam sobre e através do corpo, pelo trabalho, pela família, pelo sexo, pela escola, pela religião, pela guerra, e outros inumeráveis pontos de captura, faziam com que aquele sujeito fosse quase totalmente envolvido e colocado em uma forma de rede de domínio. A liberdade possível daquele sujeito residia, logicamente, na estranheza à produção e na subversão da soberania, ganhando força através da recusa até o impulso revolucionário. Todavia, ele nunca

---

90 David Bowie, de quem muito se falou depois de sua morte, expressou muito bem esse estatuto de não-sujeito durante o arco de toda a sua carreira artística. Todas as suas contínuas mutações de identidade nunca foram uma ode entusiasta à mudança, um hino eufórico à labilidade do si, mas sim uma dramática, trágica constatação do nada do sujeito que afeta o mundo-assim-como-é. Todas as suas letras são encharcadas de negatividade, do niilismo emblema da civilização ocidental. Mesmo o personagem messiânico Ziggy Stardust, inventado por Bowie no início dos anos de 1970 para "salvar" as criaturas jovens perdidas na catástrofe, podia durar apenas o tempo de uma estação e, depois disso, deveria "suicidar-se". Assim até seu último trabalho, *Black Star*, em que a letra da canção homônima se perde em uma série de "eu não sou" — não sou um popstar, não sou uma estrela de cinema, não sou uma estrela pornô, não sou um gangster etc. No entanto, nessa desolante situação de não ser nada, ou talvez exatamente por isso, há beleza nesse não-sujeito, há a possibilidade de algum devir-herói, de ser um "nós". Talvez, nesse mesmo momento debilmente heroico, haja a promessa de um amor e de uma redenção, porque, nesta catástrofe — cantava Ziggy Stardust no auge do desespero — "I've had my share, I'll help you with the pain. You're not alone". A verdadeira força está em vencer o deserto através do compartilhar, em ajudar na dor, ainda que por um dia, mas aquele dia é *decisivo*. Para uma leitura não convencional da obra de Bowie, ver o livro do filósofo Simon CRITCHLEY, *Bowie* (Nova Iorque, OR Books, 2014).

conseguiu se liberar daquela rede. A subjetividade contemporânea ocidental-metropolitana, ao contrário, é totalmente evanescente, líquida, estranha a si mesma antes de tudo. Este é o seu pecado original, mas também a sua potencialidade, exatamente pelo fato de não dar ao poder nenhum ponto de apoio substancial, ponto nenhum sobre o qual se poderia capturá-lo, a não ser que seja produzido *just in time* a partir de seus espólios *interiores*. No final das contas, a subjetividade metropolitana terminou toda contida nas dezenas de aplicativos de um *smartphone*: um sujeito de bolso, empacotado em objetos que mostram como produção, circulação, consumo e controle se tornaram fases literalmente indissociáveis do processo de produção capitalista. Assim como o "governo já não está no governo",[91] o trabalho não está mais no trabalho e o sujeito está fora do sujeito. São os designers dos dispositivos tecnológicos, atualmente, os verdadeiros produtores de subjetividade, assim como o verdadeiro poder está nas mãos da ordem tecnológica do mundo. Nunca como hoje teríamos ouvido falar em *alienação* como condição de exterioridade generalizada — o si está sempre em alguma outra parte, nunca "aqui e agora", enquanto o seu lugar vazio é ocupado, colonizado pelo poder — e de *estranheza* como condição interior que experimentamos diante do mundo-assim-como-é e de seu pseudossujeito, que é — como há muito escreve Tronti — o "burguês--massa". Essa é uma potencialidade, porque, o que finalmente se percebe como estranho, pode-se destruir sem remorsos. Isso faz pensar que, mais do que produzir outra subjetividade alienada, devemos nos dedicar a compreender como des-produzir aquelas já existentes, levando a estranheza do *não-sujeito* ao seu limite extremo. O estranho e o autoestranhamento estão entre os principais conceitos do pensamento messiânico-revolucionário: da Antiguidade até Marx, o devir consciente e o estranhamento a si mesmo são algo a que o trabalho, a propriedade, o Estado, este tempo e este mundo nos condenam, e é a via que reconduz o homem ao seu lar, ou, ainda, a si mesmo. Ao mesmo tempo, o autoestranhamento é uma das técnicas que podemos utilizar para criar uma distância entre nós e o presente, entre nós e o que

---

91 COMITÉ INVISIBLE, *À nos amis...*, op. cit., p. 85.; ed. bras.: *Aos nossos amigos*, op. cit., p. 102.

nos domina e, assim, agarrar a realidade. Mas, para salvar a singularidade, para reunir o fora e o dento, recompor a cisão entre interno e externo, Marx é insuficiente, é preciso passar também por Kierkegaard: "A unidade interno e externo pode ser alcançada somente se se está pronto a abandonar totalmente o campo onde, também na sua contraposição, Marx e Kierkegaard ainda estão exilados".[92] Destruir, ao mesmo tempo, tudo o que nos torna estranhos ao mundo e a nós mesmos: isso é verdadeiramente revolucionário, vital. A alternativa seria aquela já indicada por Benjamin e que representa o coração do projeto fascista, ou seja, a humanidade autoalienada que chega a "viver sua própria destruição como um prazer estético de primeira ordem".[93] Prazer de massa que está em curso hoje, qualquer um pode ver.

Segundo Jean-Luc Nancy, o *não-sujeito* tem sua positividade no fato de ser o que resultaria da separação entre política e soberania, ou, ainda, de uma política que não designa mais a atribuição de ou em um sujeito, mas que consiste em "uma regulação sem sujeito da relação entre os sujeitos", tanto individuais como coletivos. Em tal modo, seria pensável "uma igualdade e uma justiça que não implicam nenhum assunto subjetivo. Nesse sentido, a política resultaria sem sujeito".[94] De fato, é exatamente a separação entre comunistas e soberania a maior possibilidade que Heiner Müller vê no final do socialismo realmente existente: também o comunismo deve se autoestranhar para destruir o que bloqueia o seu devir real.

O sujeito-*não*-sujeito da contemporaneidade é, na verdade, uma *criatura* no sentido benjaminiano: pessoa sem conteúdo, natureza sem graça, privada de fundamentos, suspensa entre uma sub-humanidade e uma sobre-humanidade, um tipo de vida adequado ao estado de exceção,[95] metade "vida *Mickey Mouse*" e metade anjo chapliniano, mas que, exatamente por causa desse seu estado de esvaziamento e estranhamento,

---

92 Jacob TAUBES, *Escatologia occidentale* (Milão, Garzanti, 1997), p. 240.

93 Walter BENJAMIN, "L'opera d'arte nell'epoca della riproducibilità tecnica", em *Aura e choc* (Turim, Einaudi, 2012), p. 49; ed. bras.: *Magia e técnica, arte e política: ensaios sobre literatura e história da cultura* (São Paulo, Brasiliense, 1994), p. 196.

94 Jean-Luc NANCY, *La creazione del mondo*, op. cit., p. 108.

95 Ver Eric SANTNER, *On creaturely life. Rilke, Benjamin, Sebald* (Chicago e Londres, University of Chicago Press, 2006).

tem a possibilidade de sobreviver ao fim da civilidade do capital e aceder a uma outra dimensão da vida. Isso porque a criatura é aquela forma de existência através da qual é possível um menor uso da potência — o próprio Benjamin, ao dizer o que era a política para ele, escreveu: é "a realização da essência do humano não elevada a uma potência superior"[96] ou não potencializado. A criatura é o devir-proletário, aquele que não é nada socialmente e por isso não só não tem nada a perder, mas também tem em si, mediante sua impotência, a potência de ser tudo. Mas só pode aceder à sua plenitude se aceitar destituir tudo o que é.

O anjo da história dá as costas para o futuro, seu olhar se fixa no passado histórico, que se torna um monte de entulho jogado aos seus pés. É por isso que as criaturas a sua volta podem olhar seu rosto, se conseguirem desviar os olhos da cadeia hipnótica de acontecimentos; poderiam fazê-lo a partir do presente que o anjo não vê, mas sente acumular-se aos seus pés, enquanto a tempestade do progresso empurra-o para trás, para o futuro. As criaturas são levadas pela catástrofe, são chamadas continuamente a fazer parte dela como as outras ruínas, e se o anjo conseguisse fechar suas asas, parar, talvez se inclinasse para salvá-las, no último momento, arrancando-as daquela tempestade aniquiladora que é o progresso e, assim, recompondo a fratura *além* do presente, "onde origem e destruição se encontram".[97] Mas o anjo só pode comparecer — ou seja, pode-se alcançar a possibilidade de vê-lo — quando nada mais permite esperar, não só no futuro, mas também no que faz o presente.

No início de nossa época, o anjo novo parecia ter se tornado "um anjo sem sorte" — como escrevia Heiner Müller na poesia homônima de 1958[98] —, que não conseguia mais olhar para o passado, ao qual então dava as costas. Enquanto o passado moía seus detritos em suas asas, a tempestade proveniente do futuro o golpeava por todos os lados, perfurando seus olhos,

---

96 Walter BENJAMIN, fragmento 73 de "Mondo e tempo", em *Sul concetto di storia*, op. cit., p. 283; ed. bras.: Fragmento 73 de "Mundo e Tempo", em *O anjo da história* (São Paulo, Autêntica, 2012), p. 33.

97 Walter BENJAMIN, *Karl Kraus*, op. cit., p. 132.

98 Heiner MÜLLER, "L'angelo sfortunato", em *Non scriverai più a mano* (Milão, Scheiwiller, 2006, p. 41; ed. port.: *O anjo do desespero*, trad. João Barrento (Lisboa, Relógio d'Água, 1997), p. 31.

tornando-o sem palavras, o anjo parou, esperando conseguir retomar o voo através do muro de pedras que se formou naquele ínterim. Em uma outra poesia, também dedicada ao anjo da história — escrita muito tempo depois da primeira, em 1991, na aurora da queda do muro de Berlim e com o transbordar de um capitalismo sem mais complexidades —, o anjo está imóvel, sem passado nem futuro para olhar, preso em um presente totalmente atolado na catástrofe — "depois do muro, o abismo". Sua própria imagem se confunde com o presente, o que radicalmente impede as criaturas de vê-lo, agora só se pode senti-lo, talvez ouvir sua voz — "Ainda sinto o anjo" —, mas ele não tem mais um rosto, a não ser "o teu, que eu não conheço".[99] Contudo, a terrível promessa do anjo do desespero continua a mesma: "o meu voo é a revolta / meu céu o abismo do amanhã".[100]

A criatura é, portanto, a singular corporeidade e an-árquica, solitária, de uma classe menor, profana, não numerável, fragmentada, sem qualidade e privada de esperança, porém, exatamente por ser sem fundamento, pode destituir este mundo, se conseguir deter a tempestade do progresso que impede o anjo de realizar o gesto supremo da recomposição messiânica, se souber apenas *escutar* seu lamento.

Por fim, a criatura não é mais que uma imagem da plebe, assim como descrita por Michel Foucault: este resto de todas as subjetividades que constitui o limite de todo poder e que, no entanto, em vez de ser exatamente o outro polo do dispositivo — como às vezes parece pensar o filósofo francês — é sempre distinguida por uma condição de não poder. A um não-sujeito corresponde, logicamente, um não poder. A tarefa da teoria revolucionária, se houver uma, é indagar as formas da potência desse não poder, assim como as formas de vida desse não-sujeito. São formas que só podem ser plenamente experienciadas se o *si* é posto em tensão com a primeira pessoa plural; toda vez que, do lado de fora, dizemos *eu*, se prestarmos atenção, ressoa dentro um *nós*. E vice-versa. É "o nós que eu sou" na base de todas as experiências passadas que

---

99 Heiner MÜLLER, *L'angelo sfortunato 2*, op. cit., p. 107; ed. bras.: "O anjo sem sorte 2" em Heiner MÜLLER, *O anjo do desespero*, op. cit., p. 67.

100 Heiner MÜLLER, *L'angelo della disperazione*, em *Non scriverai più a mano*, op. cit., p. 83; ed. bras.: *Teatro de Heiner Müller*, trad. Ingrid Koudela (São Paulo, Perspectiva, 2003), p. 51.

convergem no presente, mas é também aquele nós formado na batalha vindoura, em contato com o extremo risco da destruição. Talvez, o anjo da história não seja outro que a figura messiânica deste *nós*, que ainda não chegou a se perceber como tal.

Assim, claro, existe um *nós* do devir-revolucionário, mas este não preexiste ao momento de cada um entrar em guerra com este mundo, e tampouco é contido nos limites de uma sórdida identidade econômico-social ou tecnopolítica. Particularmente, ele nunca pode ser externo às experiências e aos territórios nos quais é gerado. É um nós sem esperança.

Aqui há a pequena constelação vermelha que liga Benjamin, Kafka e Brecht entre si, que vem a nós como ajuda na hora do perigo. Brecht repete frequentemente que o ser sem esperança é a condição de possibilidade para os devires revolucionários, como, por exemplo, no final da *Ópera dos três vinténs*, quando, "antes de concluir o inquérito, indica a única condição que torna possível o autêntico juízo universal da revolução social: para liquidar as carnificinas, é preciso que os explorados se liberem dos próprios consoladores, para vencer, devem renunciar a toda esperança".[101] Brecht e Benjamin se encontram nesse ponto do comentário que o segundo faz sobre o fragmento *Fatzer* do primeiro: "Afunde!... É no desespero que Fatzer deve tomar pé, pé e não esperança. O consolo nada tem a ver com esperança. E Brecht lhe dá o consolo: o homem pode viver no desespero se ele sabe como chegou até lá. Então, ele pode viver nele, porque sua vida em desespero passa a ser importante. Nestas condições, afundar significa ir sempre ao fundo das coisas".[102] Obviamente, há a célebre sentença no ensaio de Benjamin *Afinidades eletivas de Goethe*, "Apenas em virtude dos desesperançados nos é concedida a esperança",[103] que encerra o ensaio, mas só para nos introduzir na dimensão messiânico-revolucionária.

---

101 Franco BUONO, *Bertolt Brecht. La prosa dell'esilio* (Bari, De Donato, 1972), p. 126.

102 Walter BENJAMIN, "Dal Commentario brechtiano", em *Avanguardia e rivoluzione*, op. cit., pp. 178-179; ed. bras.: Wolfgang HEISE e Heiner MÜLLER, "Uma conversa entre Heiner Müller e Wolfgang Heise", em *Magma*, (3), 1996, p. 107.

103 Walter BENJAMIN, *Angelus novus*, op. cit., p. 243; ed. bras.: "As afinidades eletivas de Goethe", em *Ensaios reunidos: escritos sobre Goethe*, trad. Mônica Krausz Bornebusch, Irene Aron e Sidney Camargo (São Paulo, ed. 34, 2018), p. 121.

Enfim, Franz Kafka — que talvez tenha influenciado os outros dois, direta ou indiretamente —, que, sabiamente, confidenciava a seus amigos que a esperança, uma esperança infinita, existe, *só não para nós*. Isso poderia significar que o nós do presente, o nós que somos individual e coletivamente, deve acabar de se dissolver, passar para uma outra dimensão do si e do mundo, encontrar a porta de entrada (ou, talvez seria melhor dizer, de saída) em um tempo diferente para ter acesso à esperança, ao seu íntimo conteúdo. O nós-sem-esperança de Kafka pode aparecer como um nós impotente porque não teve (ainda) contato com o messiânico, aquele messiânico que já está aqui, embora disperso, presente em forma de lascas, de faíscas, uma "Lady Stardust" espalhada nos cantos obscuros e desgraçados do Império do nada: àqueles que conseguem encontrá-la, senti-la, àqueles que têm tato é dada a esperança de recompor os fragmentos dispersos de uma vida que perdeu a sua forma e, portanto, o seu significado. Porém, indo mais "ao fundo das coisas", que é sempre e ao mesmo tempo o fundo da época e de nós mesmos, podemos perceber que o ser-sem-esperança pode indicar o estado de quem não há mais necessidade alguma de esperar, porque já encontrou a estrela da redenção e, portanto, não precisa mais nutrir o bom sentimento da espera trepidante. Nesse caso, a "tremenda" sentença de Kafka, por meio de um pessimismo heroico, abre uma brecha no presente e torna-se um manifesto de entusiasmo revolucionário que poderia ser retomado na afirmação: "exatamente porque somos, cada um de nós, sem esperança, *nós* paramos de esperar". Viver o comunismo *aqui* e *agora*, colocar-se à escuta do lamento do anjo, não tem outro significado senão este.

O comunismo significa, mas não vigora — essa é a questão que devemos resolver na prática, a todo momento, e sem esperar. Ou ainda o devir real que é o processo revolucionário: chamamos de comunismo o movimento real que *destitui* o atual estado de coisas.

Aqueles que esperam e que são afeitos à esperança estão, ao contrário, como que presos em uma situação de impotência em relação ao presente, e de medo/esperança do futuro. Na verdade, não são duas perspectivas que se excluem de modo absoluto, estão relacionadas dialeticamente uma com a outra, e são percebidas como se fossem gradações do nosso ser no mundo, assinalando a única coisa importante: o presente dominante, o presente tal como é, incluindo nós mesmos, é desesperador e deve ser deposto. O pessimismo deve ser organizado. A destituição do presente começa quando entram em greve os sentimentos burgueses, os afetos induzidos e produzidos pelo sujeito-dispositivo.[104] Começa assim uma nova educação sentimental.

É somente perdendo toda a esperança em tudo o que existe no presente dominante que podemos recuperar a esperança. Por outro lado, quem é tolo o bastante para depositar uma verdadeira esperança em um *shopping center*, em um *smartphone*, em um referendo democrático sobre memorandos da Troika ou em um governo de populistas digitais? Mas é necessário ir mais fundo e não colocar esperança nem mesmo na vitória da revolução. Devir revolucionário, hoje, quer dizer destruir o otimismo progressista inútil, organizar o pessimismo, fazer uso da fantasia, liberar a imaginação e viver tudo isso com o entusiasmo do menino que descobre, pela primeira vez, o verdadeiro significado de uma palavra tão fascinante quanto misteriosa. Isso porque, como nos foi revelado, é da infância, do seu gesto secreto, que vem o verdadeiro sinal revolucionário. O povo por vir é feito das crianças perdidas do presente.

---

104 As práticas artísticas podem ser meios de grande potência nesse sentido, desde que se mantenham conscientemente em uma prática *menor*, no sentido de Deleuze e Guattari. Um exemplo interessante de tais práticas são as do Ideadestroyingmuros, que se define como um "coletivo transcultural de militância poética e ativismo des/educativo", nascido em Veneza, depois "exilando-se" em Valência, na Espanha. Ver https://ideadestroyingmuros.blogspot.com/.

GREVE DESTITUINTE III
revolta contra a metrópole

> *Cada vez que se programa uma idade radiosa, sabemos perfeitamente que é uma maneira de destruir o mundo, de torná-lo "inabitável" e de inaugurar a caça ao inimigo qualquer.*
>
> — Gilles Deleuze, *Nietzche e São Paulo, Lawrence e João de Patmos*[105]

Houve uma época, não muito tempo atrás, que até a greve política mais clássica continha uma força inegável por causa da presença de uma classe organizada; assim, cada paralisação do trabalho na fábrica, nos campos ou nos canteiros, tinha como resto — ainda que exterior — a afirmação de uma potência. Hoje, a questão se coloca em termos totalmente diferentes, como é evidente não só por causa da transformação dos modos de produção, mas também das próprias formas de vida que estão radicalmente implicadas neles.

---

[105] N. da E.: Gilles DELEUZE, "Nietzsche e São Paulo, D.H. Lawrence e João de Patmos", em *Crítica e clínica*, op. cit., p. 55.

Foi somente no último decênio que começamos a nos perguntar qual forma de greve teria hoje uma possibilidade, depois da neutralização da fábrica como forja das lutas. Foi questionado, por exemplo, o que poderia significar uma "greve metropolitana" e se é verdade que a metrópole substituiu ou, mais corretamente, *absorveu* a fábrica, inclusive aquela "social"; considerando também que não são duas realidades que possam ser sobrepostas, ao contrário, continuar a confundi-las impede de praticar uma política adequada ao "espírito do tempo". Experimentos recentes de greve metropolitana foram as lutas contra a reforma da aposentadoria na França com o conseguinte bloqueio das refinarias, a tomada da praça Tahrir no Egito, o bloqueio do porto de Oakland, culminando na Comuna nascida na Oscar Grant Plaza durante o "movimento" Occupy,[106] a ocupação das praças de Barcelona e Madri com o 15M, ou ainda aquelas de Nova Iorque e depois Istambul — que constituíam formas de rigidez plantadas no coração da metrópole dos fluxos —, ou a do *bocage* de Notre-Dame-des-Landes[107] contra a construção de uma infraestrutura de aeroporto, com as suas frequentes incursões na área urbana de Nantes. Por fim, a luta em curso na França contra a lei do trabalho surge não só como a *suma* de todas as formas de conflito metropolitano que ocorreram nas últimas décadas, mas especialmente como o emergir de um conflito político geral: finalmente, a tentativa de uma *verdadeira* verticalização.

Em relação à Itália, a menos que consideremos a exceção da longa luta em Vale de Susa contra o TAV como greve metropolitana[108] — e há razoáveis elementos que sustentam essa

---

106 É interessante que alguns dos protagonistas do Occupy tenham, retrospectivamente, amadurecido a ideia de que aquilo que viveram não foi um "movimento", mas um "momento", ou seja, uma certa qualidade do tempo, e que se tratou, sobretudo, de uma rejeição das formas tradicionais com as quais se organizam os "movimentos sociais". De fato, é só pensando a experiência em termos de transformação do tempo e de si que é possível conservar seu *resto*, uma verdade que ainda pulsa sob a crosta espessa da realidade americana. Ver, por exemplo, o artigo que Natasha Lennard escreveu no quinto aniversário do Occupy, disponível em: https://theintercept.com/2016/10/01/occupy-wall-street-brooklyn-bridge-five-years/.

107 N. da E.: Ver NOTRE-DAME-DES-LANDES, Habitantes da ZAD. Tomar a terra (São Paulo, GLAC edições, 2021).

108 N. da T.: TAV, Trem de Alta Velocidade. As greves anti-TAV no Vale de Susa, região próxima da fronteira com a França, iniciaram em 2005, quando de suas primeiras propostas.

hipótese —, existiram apenas alusões confusas contidas, por exemplo, nas ondas de ocupações de casas e de resistência aos despejos, ou como uma força inusitada pela presença do não-sujeito nos tumultos que furaram as grandes manifestações dos últimos anos. Todas essas últimas coisas, porém, parecem se apagar sem deixar muitos traços — exceto, obviamente, nos registros de antecedentes criminais — e sem que ninguém se preocupe em compreender o motivo. Talvez, em relação à Bela Itália, como em muitos outros lugares sem dúvida, é necessário procurar os sinais presentes de greve destituinte nas mais variadas formas de deserção interior, que muitíssimas criaturas operaram frequentemente em silêncio, ou na doença, até em formas degeneradas, às vezes se forçando à forma mais radical de greve humana: a do infinito da própria vida. Fazer greve, todos sós, quase sempre se resolve em um assentamento no mundo sem mais possibilidades de criar outras formas de vida. Exceto ao encontrar outros participantes da greve, fazer um juramento de apoio mútuo contra o exército do presente e, quem sabe, dar vida a uma comuna.

Embora apresentada com imagens diversas entre si, essa rica fenomenologia da greve do início do século encontrou o ponto de identidade máxima nos encontros que soube materializar, encontros que aludiam, nas práticas postas em cena para atacar, defender e persistir, a uma outra possibilidade de habitar o nosso tempo e, portanto, transformar a própria forma de vida. Por exemplo, os encontros fora das refinarias francesas, onde se reuniam todos os tipos esquisitos de contrafiguras metropolitanas, entre as quais os operários que ali trabalhavam eram minoria, assim como os que iniciaram a greve no porto de Oakland, que majoritariamente não eram portuários. Isso se tornou ainda mais evidente nas ocupações-habitações das praças, em que o *tipo* de habitante era perfeitamente qualquer um.

Se a "greve geral proletária" encontra o fim da potência estatal na saída da produção e reprodução do direito e do trabalho, a greve metropolitana — como sua articulação — encontra-o na saída do funcionamento perpétuo da metrópole. Em outras palavras, é no encontro da greve, resultado da interrupção da circulação infinita do fluxo de comando, e que coloca em contato a singularidade de qualquer um com um evento coletivo, que vimos a potência de gerar mundos. É ali que os "lampejos" se condensam e permitem a cada um acessar tanto a si mesmo quanto o que se tem de mais comum: dali, das ruínas do Ocidente que massacram o anjo da história, emana uma luz que somos nós mesmos quando nos tornamos uma comuna, ainda que seja *"just for one day"*. A política das praças, ocupadas para serem *habitadas*, identificava-se substancialmente com a vida que se organizava dentro delas, e que, depois, frequentemente enxameava os quarteirões, procurando, com entusiasmo e esforço, construir as premissas materiais para o próximo ataque. Isso porque, ao menos para alguns, é evidente que embora sejam passagens necessárias, as manifestações, as ocupações e os tumultos não são suficientes para romper este presente — ainda mais quando uma forma está desligada da outra —, mas pelo menos formam um *plano*, no sentido do conceito formulado por Deleuze e Guattari, de permanente intensidade. Não é mais suficiente repetir, servilmente, as fórmulas do passado remoto, nem carimbar o cartão da militância pós-moderna, ou seja, do ativismo que persegue febrilmente as chamadas "lutas sociais"; percebe-se a urgência de constituir-se como *força histórica que destitua o presente tal como é*, já que o que "é grande, ou está destinado à grandeza, é apenas o movimento histórico, ou o sujeito político, capaz de traduzir os conteúdos do que existiu na forma do que está por vir, sempre, sempre, sempre, contra o presente".[109]

O que a realidade hoje nos conta, quando encontra uma verdade, é que as formas de destituição do presente remobilizam o levante, a ocupação, a barricada ou o bloqueio como única sequência sincrônica, no curso da qual se responde à pergunta "o que é uma greve?". Sequência que carrega como seu fundo a Comuna, ou seja, o meio material e espiritual no qual se pode inscrever uma forma de vida destituinte.

Um poeta comunista que participou da Comuna de Oakland, Joshua Clover, recentemente escreveu um texto interessante, em que, partindo do enunciado fulgurante "uma teoria do *riot* é uma teoria da crise", define essa nova sequência como adequada à hegemonia da circulação da produção na

---

109 Mario TRONTI, *La política al tramonto* (Turim, Einaudi, 1998), p. 203; ed. esp.: *Política contra la história* (Quito, IAEN, 2016), p. 332. Disponível em: https://traficantes.net/sites/default/files/pdfs/PC_11_Tronti_web_2.pdf.

configuração atual do capitalismo mundial.[110] As novas formas de greve, todas variantes de uma greve mundial gigantesca *contra* a metrópole, mostram ecleticamente que seu objetivo não está contido em um reivindicação especificamente econômica ou jurídica, que não há nenhuma reivindicação clássica ou finalidade futura nos seus ombros — algo que se tornou ainda mais explícito durante a revolta contra as leis do trabalho francesa —, em vez disso, exprimem, de um lado, o bloqueio do funcionamento normal da sociedade e, do outro, a imediata transformação material da vida e como nós pensamos a própria vida: quanto mais intensa é a forma da greve, mais intensa se torna a ingovernabilidade da forma de vida que se exprime.

Nesse sentido, os dias da Libera Repubblica della Maddalena no Vale de Susa, em 2011, foram o mais próximo de uma grande greve proletária vivida na Itália, uma enorme sabotagem do incessante processo de metropolização da existência. Não só isso, foi também algo mais que uma simples alusão à secessão do Governo e construção de uma Comuna, como notaram a primeira presidente da Confindustria e um juiz que, mais tarde, durante o julgamento daquele processo, declarou: "A verdadeira ocupação do vale foi completada pela Libera Repubblica della Maddalena, subtraindo uma porção de território do Estado". A suspensão negativa interposta naquele período foi causada pela impossibilidade de realizar o slogan que, em um certo momento, atravessou a Itália, "trazer o vale para a cidade", em outras palavras, sabotar a metrópole por toda parte e criar comunas onde quer que elas pudessem existir. Talvez não tenhamos acreditado o bastante no mundo que batia ruidosamente nas nossas portas?

A metrópole é a organização tecnológica da hostilidade generalizada, é a dispositivação extensiva e radical dessa tonalidade emotiva — sem rompê-la, não conseguimos escavar "a imagem do nosso próprio problema", ou seja, do inimigo. Por isso, essa imagem recobre o objetivo principal de uma "revolta lógica"

---

110 Joshua CLOVER, *Riot Strike Riot: the new era of uprising* (Londres, Verso, 2016). Um pequeno excerto que resume algumas de suas teses pode ser lido no site *Roar Magazine*, disponível em: https://roarmag.org/essays/riot-strike-riot-clover-excerpt/.

à altura da época. Por isso também, e por sua capacidade gélida de nos manter bloqueados na tensão niilista diante de um futuro inconsistente, devemos compreender como destituí-la.

Walter Benjamin conta, em sua *Crônica berlinense*,[111] algo muito importante para a construção de um método — no seu significado etimológico de reflexão *através do caminho* — para o uso de si em relação à metrópole. Rememorando sua infantil dificuldade de orientação na cidade de Berlim, ele argumenta que, para se tornar verdadeiramente especialista, para dominar perfeitamente qualquer coisa, é preciso ter conhecido a impotência diante dessa mesma coisa, e que essa situação de impotência não se vive nem no início nem no final do esforço que se faz para afrontá-la, mas no seu *centro*. No *meio*, diria Deleuze; no seu *médio*, diria Agamben. De fato, Benjamin descreve esse momento *no centro* da sua vida como "a impotência no confronto com a cidade". Algumas linhas adiante, conta que há tempos cultivava o projeto de organizar graficamente o espaço da sua existência — de sua *bios*, acrescenta ele, para deixar claro que está falando de uma forma de vida —, ou seja, de fazer sua cartografia, traçando-a sobre um daqueles mapas como só os militares são capazes de fazer. Em um de seus lampejos involuntariamente proféticos, lamentando o fato de que não existiam mapas de cidades tão detalhados como os militares, comenta que "um tal mapa não existe em razão de uma avaliação equivocada dos futuros cenários de guerra". E assim nos encontramos, largados no hoje, quando aqueles mapas já existem, implementados diariamente pelos serviços do Google Maps, e o cenário de guerra é ocupado até o último centímetro pela guerra conduzida cotidianamente nas avenidas da metrópole global. Só uma resistência sonhadora e sempre a ponto de despertar — como foi a de Benjamin — poderia ler tão claramente os sinais da guerra que se aproximava. No entanto, a coisa mais interessante que se depreende desse seu projeto biocartográfico é imaginar como a própria existência, na cidade que estava a caminho, depois de uma intensa crise, de se tornar a metrópole do apocalipse nazifascista,

---

111 Walter BENJAMIN, "Cronaca berlinese", em *Opere complete* (Turim, Einaudi, 2003), vol. V, pp. 245-295; ed. port.: *Rua de Sentido Único, Crónica Berlinense, Infância Berlinense por volta de 1900* (Lisboa, Relógio D'Água), 2021.

estava tomando forma em um mapa de guerra, sulcado pelos ventos de uma espiritualidade revolucionária e rica em recursos materiais; em outras palavras, pensar a própria vida como um campo de batalha e uma busca redentora, como se fosse o diagrama da "guerra verdadeira" — diria René Daumal —, ou do que Benjamin chama intensamente de "sabotagem da autêntica existência social".

Benjamin não tem em mente uma narração detalhada da sua vida passada, ou seja, uma biografia de fato, mas uma cartografia dos afetos, um mapa sobre o qual são marcados os locais de habitação dos amigos e amigas, dos mais variados coletivos, a sede dos jovens comunistas, os cafés, os bancos "decisivos" onde se sentou para contemplar a paisagem da existência, as casas das prostitutas que frequentou, o caminho que levava à escola, os lugares eleitos pelas mulheres amadas e as tumbas que, no fim das contas, acolhem tantos de nossos encontros. A cartografia de uma vida se mostra, então, como um labirinto, com um centro cujas vias de acesso são constituídas pelos encontros, e pelos trançados que estes também constituem, até restituir uma única imagem que é a *verdadeira vida*. É nesse trançado que podemos ler a potência, ou melhor, a vida como potência. Chris Marker disse, certa vez, que devemos parar de considerar a memória individual como um tipo de livro de História, parar de nos ver como personagens de um romance clássico histórico, e sim considerar, mais humildemente e talvez com mais verdade, os fragmentos da nossa memória em termos geográficos, pois em toda vida encontraremos continentes, ilhas, desertos, territórios superpopulosos e também *terrae icognitae*.

No mapa que Walter Benjamin queria traçar, com cada "estação" marcada por uma cor diferente, haveria tudo o que construiu aquela forma de vida que toma seu nome, portanto, tudo o que significa rememorar a experiência da felicidade para aquela vida. Essa geografia leva sua memória a se configurar como o cenário de uma guerrilha metropolitana singular, na qual os lugares de afeição e os encontros se tornam uma série de interrupções sentimentais do *continuum* urbano, oásis dispersos na metrópole, barricadas colocadas contra o avanço do inimigo, aguardando a oportunidade para desencadear uma ofensiva contra a perda progressiva de um mundo desfigurado pela economia. Uma forma de vida que se torna um projétil lançado contra a hostilidade generalizada que se torna cada vez mais cruel, visando à destruição de toda possibilidade de experimentar o mundo e a própria existência.

Individualmente, todos experimentamos o que Walter Benjamin pensava ser uma premissa obrigatória ao dominar um determinado campo do pensamento e da vida, ou seja, aquele momento em que se experimenta um sentimento de impotência diante de algo que excede nossa vontade. Uma imagem do nosso problema, uma das nossas introduções ao centro da atualidade, certamente foi a impotência experimentada no confronto com a metrópole — o que significa no confronto com o mundo assim como o conhecemos. Um momento que não é possível reduzir unicamente à passividade, mas que, se não for pensado adequadamente, corre-se o risco de desviar a busca. Por isso mesmo, anos atrás, muitos cultivaram por um tempo a ilusão de uma forma qualquer de liberação contida na própria configuração da metrópole, e nos esforçávamos em imaginar enganosamente o elenco já ultrapassado da cidade moderna com suas fábricas e operários anexos, ainda que transfigurados. Mas não é verdade que a metrópole contemporânea está para a fábrica assim como a nova multidão está para a velha classe operária; essa é uma equação que, como todas as equações historicistas-sociológicas, erra pela incapacidade de reconhecer o cisma ontológico e político que levou do Sujeito ao não-sujeito, da economia política à cibernética, da soberania estatal à *governance*, dos princípios à an-arquia. É assim que a impotência corre o risco de se tornar ideologia no sentido mais clássico, uma realidade invertida, e a metrópole — como megadispositivo de poder que é — pode aparecer como a terra prometida. Mas, a cada dia que passa, percebemos que ela foi prometida ao fascismo, não a nós. Entretanto, embora não sejam poucos os que permanecem presos no estágio de encantamento pela "cidade radiante", os conflitos que varreram o mundo nos últimos anos mostram claramente uma outra perspectiva. Reconhecer uma realidade, descrevê-la, vivê-la, sofrê-la, já é se colocar na esfera da potência.

A *cidade* e tudo que a acompanhava é, hoje, algo que pertence à memória histórica da civilização, o que existe "não é mais 'urbano' no sentido estrito — nem do ponto de vista da urbanística nem do ponto de vista da urbanidade — e sim megalopolítico, metropolitano ou conurbacional".[112]

Seria necessário colocar-se a todo momento no centro daquele esforço benjaminiano e, ao contrário do gesto utópico, fazer comparecer o que para nós se tornou irremediavelmente perdido dentro dessa paisagem, ou ocultado pela cortina de fumaça da infraestrutura, mas que exatamente por isso merece ser redimido. Não é possível amar a metrópole tal como antigamente se podia amar as cidades, ao contrário, o que é possível amar é tudo de não metropolitano que encontramos nas nossas peregrinações por ela: a amizade, os amores, a revolução, o ócio, a contemplação, e até mesmo a morte. Favorecer esses encontros, essas intensidades, na luta contra a metrópole, significa criar a possibilidade de desacelerar a velocidade cibernética, quer dizer, vencer um aspecto fundamental de seu niilismo. Não é uma tarefa rápida, pois, como escrevia Ernst Junger, "é infinitamente mais fácil acelerar o ritmo que o reduzir a um passo mais calmo. Por essa razão o niilista está em vantagem sobre todos os outros".[113] Mas se não conseguirmos cultivar a desaceleração, nenhuma experiência nos será dada.

Frequentemente, essa tensão destituinte contra a metrópole é reprovada por diversos argumentos, alguns inteligentes, outros francamente insípidos; um esclarecimento a propósito é, portanto, útil, se não necessário. Lutar contra a metrópole não quer dizer cultivar utopias bucólicas ou um desprendimento pseudoaristocrático; nossos predecessores — os operários e os militantes revolucionários —, na fábrica e nos bairros da cidade moderna, estavam à vontade politicamente *exatamente porque* queriam destituir aquela realidade, portanto, hoje, na metrópole, não somos alienados, ao contrário: precisamente porque queremos destituí-la pensamos que é necessário conhecê-la ainda melhor do que a conhecem seus gestores, sem nos deixarmos enganar por continuísmos fáceis. E o primeiro aprendizado é a dor e a miséria que ela inflige por meio de cada uma de suas articulações materiais.

---

112 Jean-Luc NANCY, *La creazione del mondo o la mondializzazione*, op. cit., p. 5.
113 Ernst JUGER, *Irradiazioni. Diario 1941-1945* (Milão, Longanesi, 1983), p. 4.

A passagem do limiar que leva da impotência à potência, como se dizia, não está no início nem no final de um percurso, mas no *meio*; como depois da infância, ou depois da escola, encontra-se um período no meio da vida que pode ser também uma passagem, depois da qual começamos a nos orientar na floresta da existência, aprendendo a distinguir o que aumenta e o que diminui a nossa potência — que é uma das fórmulas com as quais podemos entender, hoje, o que é uma investigação comunista. Portanto, multipliquemos os limiares para cada um dos obstáculos que nos confrontam.

Obviamente, estar no meio implica o fato de que o surgimento de uma potência não elimine a impotência, na verdade, trata-se de entender que esta última é um estado no qual é necessário abandonar-se para compreender o que é a potência e, especialmente, para não se afogar em um voluntarismo idiota. Escreve Giorgio Agamben: "Ter uma potência significa, na realidade, estar à mercê da própria impotência".[114] É esse abandono, por exemplo, que permite a um grupo de companheiros ter a coragem de desafiar as forças adversárias muito mais equipadas do que eles. Obviamente, nada assegura que, ao cruzarmos o limiar, saberemos fazer e pensar as coisas certas, mas, no mínimo, teremos ganhado a capacidade de nos mover a partir da única coisa que torna isso possível: tomar posição diante daquele determinado problema que nos afronta.

Os conflitos que hoje percorrem a realidade estão nesse *meio*, e essa posição é sugerida pelas evidências práticas que as revoltas expõem ao mundo. Uma revolta global dos "territórios" e de suas memórias contra a metrópole organizada. Por sua vez, a revolta excede a vontade de potência dos militantes; seria necessário praticá-la, e não insistir teimosamente em sobrepor um olhar ideológico à realidade, por mais nobre que isso possa parecer. Ao contrário, devemos afinar a nossa capacidade de perceber a verdade que *carrega* aquelas lutas e abandonarmo-nos ao seu desejo de encontrar sua própria realidade.

---

114 Giorgio AGAMBEN, *L'uso dei corpi*, op. cit., p. 349; ed. bras.: *O uso dos corpos: Homo sacer IV* (São Paulo, Boitempo, 2017), p. 308.

Foi F. L. Wright, em 1958, em plena contrarrevolução cibernética, quem primeiro teorizou a nova cidade como um espaço que engloba um país inteiro, ou a nação como uma metrópole única, homogênea, contínua e vazia.[115] Hoje, tendo entrado já há muito tempo em uma dimensão para-imperial, a metrópole se distende por todo o espaço mundial e a Trude calviniana,[116] de uma cidade invisível, se transformou em uma realidade sensível. Ela "não começa e não acaba" mas pode ser *interrompida*.

---

[115] Frank Lloyd WRIGHT, *The living city* (1958) (Nova Iorque, Meridian Books, 1970).

[116] N. da T. A citação foi extraída da segunda das "cidades contínuas" descritas por Ítalo Calvino em *Cidades invisíveis* (São Paulo, Companhia das Letras, 1990), p. 118.

GREVE DESTITUINTE IV
o *Nomos* da Comuna

> *O deserto era mantido em aloucado comunismo, por meio do qual a Natureza e os elementos se destinavam ao uso franco de qualquer pessoa conhecida e amiga, para satisfação de necessidades individuais e não mais do que isso.*
>
> — T. E. Lawrence, *Os sete pilares da sabedoria*[117]

Dada a sorte que o lema "território" continua a ter no vocabulário do antagonismo e o lugar de destaque que ocupa há alguns anos nesse campo, inclusive para nominar lugares onde se elaboram os fragmentos de uma estratégia destituinte, não seria uma má ideia examinarmos seu conceito que, apesar de tudo isso, acabou ficando indefinido e, portanto, confuso.

Na modernidade, sabemos que a palavra território foi comumente associada à Estado, que, em geral, é definido como um

---

117   N. da T.: T. E. LAWRENCE, *Os sete pilares da sabedoria* (São Paulo, Record, 2015), p. 121.

território com limites reconhecidos legalmente; mas, na antiga Roma, a palavra *territorium* indicava — recorrendo a Varrão, uma autoridade do século I depois de Cristo —[118] as terras de uso comum para a agricultura (*"abe o colonis locus communis"*), as quais estavam dentro dos limites sacros e, por isso, podiam ser internas ou externas a uma cidade como Roma, por exemplo. Assim, Varrão propunha que aquela palavra poderia derivar do substantivo *terra* e do verbo *terere*, ou seja, triturar, desgastar, no sentido de revolver a terra com o arado. De maneira diferente, no século II, o jurista Sextus Pomponius propôs duplicar a etimologia com uma outra decididamente mais afiada, fazendo derivar *territorium* do verbo *terrere*, ou seja, aterrorizar, incutir temor, referindo-se a um espaço no interior do qual uma autoridade exerce seu poder de comando e de banimento. Não faltam exemplos sucessivos, nos quais os *territoria* foram entendidos como lugares dentro do império, mas ocupados por bárbaros. Desde o início, portanto, o conceito de território indicou uma ambiguidade, se não um conflito, entre um fora e um dentro, sendo por isso um conceito que age como uma verdadeira tecnologia política.

Assim, se utilizado esse termo no seu significado original, podemos pensar nos territórios que entram em um devir revolucionário como uma espécie de *fora* dentro da metrópole, o qual, de um lado, pretende ser um espaço de uso comum e, de outro, tende a subtrair-se ao poder, à lei, ao terror metropolitano. Uma vez que a metrópole contemporânea não tem um verdadeiro fora geográfico, essa exterioridade interna é essencialmente político-espiritual e pode aparecer em qualquer parte, ou seja, onde quer que se dê a interrupção do *continuum* do governo metropolitano. Nesse sentido, não devemos subestimar as grandes ou pequenas experiências "poético-políticas" que, nos últimos anos, brotaram nos campos e nas montanhas do Ocidente — lugares que não estão precisamente *fora* do governo metropolitano, mas onde, no limite, a sua penetração é menor; os melhores dentre eles são habitados por criaturas que não só tiveram a força e a inteligência para não liquidar as antigas

---

118 N. da T.: Marco Terêncio Varrão (116-27 a.C.), filósofo de expressão latina, autor da obra de referência *De língua latina* [Sobre a língua latina].

amizades dispersas pelo mundo, mas também conseguiram fazer lugares que servissem para tecer outras. Experiências que poderiam ser imaginadas como um tipo de rede monástica da revolução; além disso, só através de uma forma de habitar que reconfigure o fora e o dentro de um território, destituindo sua má dialética, haverá a possibilidade de depor verdadeiramente o poder da metrópole. "Desde sempre, quem quer lutar com o próprio tempo elege os bosques como seu refúgio",[119] escrevem os amigos que percorrem aquela trilha. E os bosques podem estar em qualquer lugar, na atual configuração do mundo: "o bosque está em toda parte: em zonas desabitadas e na cidade, onde o Rebelde vive escondido ou mascara-se atrás do biombo de uma profissão. O bosque está no deserto, o bosque está no mato. O bosque está na pátria e em todo lugar onde o Rebelde possa praticar a resistência. Mas, sobretudo, o bosque está no acampamento do próprio inimigo".[120] Obviamente, nunca existiu *o* Rebelde, que é fruto da fantasia aristocrática de Jünger ou, pelo menos, não existe sem que outros rebeldes passem pelo bosque.

Então, há uma advertência para os desertores: não é possível pensar os territórios (e os encontros que tentam instituir uma certa distância entre os territórios e as metrópoles) como abrigos no deserto do presente e, por isso, crer que são destituintes. Eles só se tornam destituintes na medida em que são lugares que "possibilitam que vivamos no deserto sem nos reconciliar com este", dizia Hanna Arendt, definindo-os, com base no romance sobre a experiência de uma comunidade alternativa descrita por sua amiga Mary McCarthy, como "oásis": oásis *dentro* do deserto, mas que não são *do* deserto. A filosofa acrescentava que, no momento em que "buscamos refúgio", quando pensamos em usar os oásis para escapar da guerra contra o presente ou, mais simplesmente, da insatisfação com a vida que levamos, iludindo-nos de que estamos mantendo afastada a brutalidade do mundo e nos abrigamos à sua sombra ao invés de combater o deserto, esses oásis são destruídos, pois o que o deserto quer é exatamente que todos se habituem com sua presença, que o habitem passivamente, consentindo, assim, com sua implacável

---

119 Bianca BONAVITA, *Humus. Diario di terra* (Savona, Pentàgora, 2015), p. 68.
120 Ernst JÜNGER, *Trattato del ribelle* (Roma, Adelphi, 1990), p. 106.

violência apascentadora. É assim que sua areia — que quem foge leva consigo inevitavelmente, oculta nas dobras das roupas e da própria vida — começará a corroer o que se acreditava estar protegido. A hostilidade volta a circular livremente no oásis — comunas, amizades, amores, estudos — tornando-o, primeiro, emotivamente e, depois, materialmente idêntico ao resto, quando não medíocre e inabitável. Os miseráveis jogos de autovalorização, a inveja, o egoísmo, a insensibilidade afetiva, o mentir a si mesmo antes mesmo que aos outros, o ressurgir furtivo das relações de propriedade, de produção e da família pequeno-burguesa, tornam-se outros montes de areia que, pouco a pouco, ocupam e desertificam os oásis, os quais, em breve, voltam a fazer parte do *continuum* da metrópole. Chegando nesse ponto, é muito difícil confessar a si mesmo ter falido, e continua-se como se nada houvesse acontecido. Na verdade, o problema não está nunca no vale e sim no monte, como conta McCarthy, ou seja, crer perseguir "uma exigência ética" enquanto, na verdade, está somente seguindo um "desejo caprichoso".[121] Os fracassos das aventuras coletivas se devem, essencialmente, a essa forma de autossugestão, que faz com que sejam seus próprios protagonistas a produzir a aniquilação e, portanto, a remoção da experiência, às vezes com o agravante da inconsciência.

A questão é procurar compreender que tipo de alteridade os chamados territórios poderiam configurar, que heterogeneidade poderiam cultivar no presente até chegar à secessão espiritual e material, e tornar-se mundo entre os mundos. Novamente, é Michel Foucault quem nos sugere um caminho para compreender uma alteridade que os territórios poderiam apresentar com relação à governamentalidade.

Foucault define território argumentando que, no Ocidente moderno, ele certamente corresponde a uma noção geográfica, mas, antes de tudo, a um noção jurídica e política e, no fundo, militar: território é "o que é controlado por um certo tipo de poder".[122] É digno de nota, em relação ao argumento que nos

---

121 Mary McCARTHY, *L'oasi* (Florença, Liberal Libri, 2002), p. 115.

122 Michel FOUCAULT, "Questions à Michel Foucault sur la geographie", em *Dits et écrits II, 1976-1988*, (Paris, Gallimard, 2001), p. 32; ed. bras.: *Microfísica do poder* (São Paulo, Graal, 2012), p. 250.

interessa, quando Foucault fala do pastorado como forma arquetípica do Governo tal como o conhecemos, dizendo que aquele se distingue do poder soberano tradicional exatamente porque não tem mais o território como seu objeto principal: o governo pastoral "não reina sobre um território, reina sobre uma multiplicidade de indivíduos".[123] Em um outro artigo,[124] Foucault continua essa argumentação e opõe a Maquiavel — que representa ainda uma soberania que se exerce plenamente sobre um território e que só secundariamente é exercida sobre os sujeitos que o habitam — um La Perriére mais moderno que fala, ao contrário, de um "governo das coisas" — e repete que a governamentalidade não tem como objetivo um território, mas sim o complexo dos homens e das coisas, de seus *vínculos*, ou seja, o vínculo entre os homens mesmos e entre eles e as coisas, e finalmente *também* com o território. O que Foucault descreve como governamentalidade trata, de fato, do poder sobre "os homens em suas relações com estas outras coisas que são os costumes, os hábitos, as maneiras de fazer ou de pensar. Enfim, são os homens em suas relações com estas outras coisas que podem ser os acidentes ou as calamidades, como a fome, as epidemias, a morte".[125] Em suma, a governamentalidade se exerce diretamente sobre formas de vida que ela mesma destrói, modifica ou modela, ou seja, é um poder que se quer como guardião de seus *vínculos*.

Os territórios são, portanto, as variáveis secundárias em relação aos vínculos materiais e afetivos, a partir dos quais, produzidos novos ou destruídos os antigos, é formada uma população, que só se realiza quando um povo ou uma forma de vida são destacados, expropriados e isolados dos próprios lugares; aqui, por "lugares" não se deve entender exclusivamente regiões geográficas, mas também regiões espirituais, linguísticas, imaginárias. Por isso, o "Estado de governo", depois daquele de justiça e o administrativo, não é mais definido por

---

123 Michel FOUCAULT, "Sexualité et pouvoir", em *Dits et écrits II*, op. cit., pp. 561; ed. bras., *Ética, sexualidade e política* (Rio de Janeiro, Forense Universitária, 2006, col. Ditos e escritos vol. V), p. 66.

124 Michel FOUCAULT, "La 'gouvernementalité'", em *Dits et écrits II*, op. cit., pp. 635 e ss.; ed. bras.: "A governamentalidade", em *Microfísica do Poder* (Rio de Janeiro, Graal, 1998), pp. 277-293.

125 *Ibid.*, pp. 643-44 [282].

"sua territorialidade, pela superfície ocupada, mas pela massa da população, com seu volume, sua densidade, e em que o território que ela ocupa é apenas um componente".[126] Os limites governamentais são, então, traçados a partir de todos os indivíduos e totalizados como população que "pasta" sobre um território que corresponde à nação inteira. Assim, desde o século XVII se pensa o território estatal inteiro sob o modelo da grande cidade, em outras palavras, conforme um esquema metropolitano;[127] a partir de então a cidade não será mais uma exceção dentro de um território heterogêneo formado por campos, florestas, estradas (ou seja, uma exceção que fugia ao direito comum), mas se tornará o modelo que conforma todos os territórios, de qualquer gênero, e a polícia se tornará o tipo de racionalidade à qual é confiado o seu governo, transformando assim o resto dos lugares em "deserto".[128] De fato, só a esse tipo de arte de governo corresponderá, mais tarde (isto é, hoje), uma sociedade dominada por dispositivos de segurança.

O "modelo metrópole" tornou-se, desse modo, a matriz dos regulamentos da conjunção do Estado e, considerando o interesse que o Governo tem sobre os vínculos, segundo Foucault, entendemos bem o que isso significa: um governo de segurança é, principalmente, um governo dos afetos, a polícia da sua circulação. O governo do medo é, hoje, só o mais evidente, mas os afetos da angústia, da euforia melancólica dada pelo consumo paroxístico de mercadorias e relações afetivas, o da depressão, da inveja ou do egoísmo, são produzidos e manipulados dentro de uma tecnologia de governamentalidade, do molecular ao molar: o que molecularmente se diz egoísmo, no nível molar se chama propriedade, a angústia do fim provada individualmente

---

126   *Ibid.*, pp. 656-57 [293].

127   Ver Michel FOUCAULT, "Espace, savoir et pouvoir" em *Dits et écrits II*, op. cit., pp. 1089 e ss.; ed. bras.: "Espaço, saber e poder" (1982), entrevista a Paul Rabinow, publicada na revista *Skyline*, traduzida para o português por Pedro Levi Bismarck e publicada pela *Revista Punkto* em abril de 2015.

128   A questão que define a relação entre a metrópole e o resto do território *desertificado* sempre esteve no meio de grandes debates na França, basta referir o livro de um geógrafo ultrarreacionário, Jean-François Gravier, cuja principal e célebre obra publicada em 1947 tem o significativo título *Paris et le désert français*. Esta obra se tornou, a partir de De Gaulle, a referência principal de uma mais que falida descentralização — e não poderia ser diferente, já que era comandada pelo... centro metropolitano.

é governada coletivamente através dos dispositivos de segurança, à depressão corresponde a construção de territórios materiais, farmacológicos e virtuais para a distração e o divertimento mais trivial, e assim por diante. Os afetos, capturados dentro de uma dinâmica de governo, tornam-se uma multiplicidade de vínculos não só entre os seres humanos "livres", mas entre estes e o poder.

Além disso, a partir dessa transformação, não é nem mesmo o urbanismo que se torna o centro das preocupações do Estado de governo, mas sim as infraestruturas: "Os que pensavam o espaço não eram [mais] os arquitetos, mas os engenheiros, os construtores de pontes, de estadas, de viadutos, de ferrovias".[129] Uma transformação da arte de governar que não escapou a Pasolini, que a diagnosticou na língua que começava a se tornar comum no pós-guerra italiano, ou seja, no momento da sua industrialização e metropolização total e feroz: "Diria que é *a transferência, como modelo linguístico, das línguas da infraestrutura para as línguas das superestruturas*".[130] Não há nada que revele mais as modificações de uma forma de vida que as mudanças de sua língua, e é essa passagem despolitizante revelada por Pasolini que indica que estava nascendo não só um novo tipo de poder infraestrutural — o poeta se referia aos discursos do poder em relação à grande rede de autoestradas em construção naquele tempo —, mas que os próprios cidadãos, naquele momento, foram transformados em articulações das infraestruturas governamentais.

Assim, em relação aos interesses primários do Governo, o território é secundário, e isso marca tanto sua marginalidade substancial para a política dominante — para o capitalismo, um mesmo espaço facilmente pode se tornar tanto um aterro sanitário quando um luxuoso Luna Park do consumo — quanto sua potencialidade para os devires revolucionários, precisamente como objeto *menor* do Governo. É por isso também que, hoje, todos os governos são desafiados não tanto por milhares de reivindicações contra a austeridade, a crise financeira ou a do trabalho, mas por milhares de territórios que se recusam a mudar,

---

129 Michel FOUCAULT, *Espace...*, op. cit., p. 1094; "Espaço, saber e poder", op. cit.

130 Pier Paolo PASOLINI, "Dal laboratório" em *Empirismo eretico* (Milão, Garzanti, 2000), p. 65.

uma vez mais, para servir à marcha da civilização; ou por conflitos que criam oásis combatendo onde antes havia só deserto; ou ainda por aqueles que operam a destruição dos laços governamentais para construir, ao mesmo tempo, novas existências, novas formas de vida. É por isso também que a batalha deve chegar até a linguagem, destituindo valores infocomunicativos, isto é, sua função de elo infraestrutural que atravessa, modifica e domina as criaturas de fora para dentro.

Até hoje, o poder sempre tentou se arrogar o ponto mais alto do qual se domina *um* mundo.[131] No fundo, a palavra globalização não faz outra coisa que denominar a operação de contemplar o mundo como se fosse um só e único território unificado, a partir de um ponto externo e distante. No entanto, é exatamente nesse esforço contínuo de fuga em direção ao alto que reside um dos mais sérios riscos que o poder corre constantemente: estar tão alto, tão distante da superfície, dos territórios e, portanto, não conseguir mais controlá-los. Por isso, na modernidade, o poder teve necessidade de que os próprios habitantes da superfície se tornassem as suas mãos, os seus olhos, as suas pernas, como já escrevia La Boétie no seu *Contra um*.[132] E é também por isso que, hoje, o poder tenta subdividir o mundo, refugiando-se em zonas seguras a partir das quais pode dominar o resto, ou talvez se proteger dele. Podemos observar esse proteger-se do resto do mundo, de forma invertida, até no estilo de vida das "comunidades alternativas". Então, temos certeza de que não há condomínio fechado tão distante que possa esconjurar a possibilidade de que aquele resto o destrua, talvez deixando-o ir à deriva; ou comunidade alternativa que, cedo ou tarde, não seja alcançada (externa ou internamente), corrompida ou destruída pela

---

131 "A soberania designa antes de tudo o cume." Jean-Luc NANCY, *La creazione del mondo*, op. cit., p. 94.

132 N. da E.: Primeiramente publicado em 1563, após sua morte, *Contra um* ou *Discurso da servidão voluntária*, de La Boétie, foi traduzido no Brasil sob o único título *Discurso da servidão voluntária*. Das muitas edições disponíveis, recomendamos a edição bilíngue da Brasiliense, acompanhada de comentários de Claude Lefort, Pierre Clastres e Marilena Chauí. Ver Étienne de LA BOÉTIE, *Discurso da servidão voluntária*, trad. Laymert Garcia dos Santos (São Paulo, Brasiliense, 1999). Disponível em: https://edisciplinas.usp.br/pluginfile.php/5267764/mod_resource/content/1/La%20Boétie.pdf.

tempestade de areia movida pelo *nomos* da Metrópole. Ao mesmo tempo, podemos estar certos de que aquele domínio de que fala La Boétie não consiste em um fato natural, nem jurídico, nem mesmo é uma questão que podemos apontar como tradicionalmente política, mas na expropriação generalizada das possibilidades de viver livremente sobre a Terra, ou seja, de *habitar um mundo*. Ser reduzido a servos voluntários significa, em última análise, a expropriação consensual da nossa capacidade de *usar*: usar a inteligência, usar a técnica, usar a linguagem, usar as coisas, usar a si mesmo, usar o mundo: *usar a potência*. Assim, no sentido político, autonomia não indica absolutamente uma tática para os confrontos de praça ou uma estratégia para tomada do poder a partir de baixo, e sim o espaço e o tempo de uma retomada do uso, daquela capacidade de habitar livremente, conforme as regras do modo de vida no qual decidimos perseverar.

Seria necessário, assim, não observar a partir de um ponto de vista simétrico àquele governamental (nem sequer teríamos os meios materiais para fazê-lo), mas de um ponto de vista dotado de uma verticalidade que saiba adentrar nas *profundidades* da Terra, do tempo e do si, de modo que a estratégia ganhe proporcionalmente em intensidade e, portanto, direcione o ataque ao externo. Kafka: "O homem não cresce de baixo para cima, mas de dentro para fora".[133]

Para se tornarem destituintes, os territórios precisam ser profundamente habitados e intensamente povoados por afetos ingovernáveis. Provavelmente deveríamos contar com outros sentidos e deixar o da supervisão para os incrédulos e os assassinos.[134] Recordemos que *nos tornamos o território da toupeira* e que só a elaboração de uma espiritualidade revolucionária pode chegar a essa profundidade.

Além disso, é preciso lembrar que muito mudou desde os tempos de La Boétie e nós ocidentais não somos mais tão tenazmente apegados à Terra. O capitalismo encontrou os meios de

---

133 Gustav JANOUCH, *Conversations with Kafka: notes and reminiscences* (Nova Iorque, New Directions, 1969), p. 36.

134 Referência ao que escreve Grégoire Chamayou em *Teoria del drone. Principi filosofici del diritto di uccidere* (Roma, Driveapprodi, 2014). O autor insiste sobre a vontade de "ver tudo e sempre" que está na base dos esforços tecnopolíticos contemporâneos para o desenvolvimento de uma nova estratégia contrainsurrecional.

despedaçar aqueles vínculos que lhe dificultavam o movimento, que o faziam fluir mais lentamente, e produziu novos, separando a existência humana das suas condições materiais e, por conseguinte, naturais. Assim, não se trata mais de retomar a advertência anti-ideológica de recolocar os pés na terra e a cabeça no alto, porque esse mundo foi estruturado de maneira a nos fazer viver em uma dimensão abstrata da Terra: nós *flutuamos* nos fluxos metropolitanos. Não há lugar no Ocidente — no campo ou na cidade, na montanha ou no litoral — que não seja afetado por esses fluxos, que por isso só podem ser interrompidos. De certo, não é exagero pensar que, para a maior parte dos metropolitanos, ou seja, dos ocidentais, a vida é vivida por meio da mediação de mil dispositivos tecnológicos com os quais o capitalismo obteve não só ganhos fantásticos, mas também a possibilidade de nos controlar até a intimidade, e de modelar diariamente a nossa forma de vida. Não vivemos mais em um mundo, e sim em um "espaço operativo" que o duplica, o recobre totalmente, e seria necessário um novo Ernesto de Martino para compreender o significado disso para nossas vidas. Os *apps* dos telefones celulares, os *gadgets* tecnopolíticos que revestem a vida de cima a baixo, de fato servem para mascarar e manter sempre em ação uma "crise da presença" generalizada, além de determinar os nossos gestos e escolhas cotidianas. A verdadeira insegurança é só existencial.

Vivemos na mesma situação que a expressa metaforicamente pelo filme *Gravity* (Alfonso Cuarón, 2013), a história de duas astronautas que se perdem no espaço e procuram desesperadamente *voltar à Terra*;[135] e a única coisa que nos permitiria fazer isso não é a busca frenética por um abrigo e uma consequente identidade territorial, mas a elaboração singular de uma vida e a disponibilidade coletiva para vivê-la desta forma: só desenvolvendo intensamente a nossa forma de vida podemos nos reapropriar da capacidade de viver sobre a Terra, de explorar verticalmente sua superfície e de imprimir-lhe um novo *nomos* — não no significado obsoleto de lei, mas naquele bem mais impregnado de habitação e tom musical: *o Nomos da Comuna*.

---

135 Stephanie Wakefield nos chamou atenção para o significado desse filme, sobre o qual escreveu um belo ensaio. Ver Stephanie WAKEFIELD, "Man in the Anthropocene (as portrayed by the film Gravity)", disponível em: www.mayrevue.com/en/lhomme-de-lanthropocene-tel-que-de-peint-dans-le-film-gravity/.

Então, trata-se de pensar uma alteridade espaço-temporal que pulsa dentro da mesma metrópole da qual se tenta fazer a cisão. Uma heterogeneidade que obviamente nunca é dada. Nem mesmo um território que resiste é, por si só, uma potência destituinte. Ocupar um espaço, tomar um edifício, um terreno ou uma fábrica, não significa grande coisa, caso não se seja capaz de habitá-lo. O deserto do capital é inabitável, nós o atravessamos como inimigos — é bom estarmos conscientes disso. Por isso também, com o crescimento da consciência, ir além da resistência está se tornando um sentimento compartilhado. Agir como partidário, como dito no início deste texto, realmente não é suficiente; também é preciso fazê-lo como primitivo, e isso se faz assumindo que não basta (e é frequentemente desastroso) contar exclusiva e ilusoriamente com o "enraizamento territorial", enquanto é somente habitando o mundo que se adquire uma potência digna deste nome. Um mundo não é apenas um território cercado por limites — políticos, produtivos, étnicos ou ideológicos, pouco importa —, mas algo que carrega os hábitos, as cosmologias, as histórias para contar, os ritmos musicais, as experiências para compartilhar e transmitir, uma entonação que é dita de muitos modos, formas de vida porosas e uma força que as defende: todos os modos de existência se expandem tanto quanto se verticalizam como força de interdição nos confrontos da governança. É um mundo que possui uma geografia fragmentada, é ali que estão os nossos amigos e também os nossos inimigos a combater, é ali que amamos e também onde está a nossa guerra, é onde compartilhamos e onde somos livres para fazer uso de nós mesmos, tanto quanto seja do nosso gosto. É ali, enfim, que vive a possibilidade de uma bifurcação da história. Um mundo do qual faz parte a nossa memória, se somos capazes de fazer uso dela — no sentido da rememoração, e não como de um *refugium pecatorum* ou de uma reserva de ressentimento. Em suma, para ir além da resistência, é preciso colocar o território em um devir-mundo. E o muro que será construído contra o inimigo, desta vez, não será de concreto, será feito de tempo.

Assim como há um tempo messiânico que pulsa dentro do histórico, existe também um território destituinte dentro do constituído, um território messiânico dentro do mítico e que é seu excedente. Não, não se pode realmente habitar o inabitável.

O que podemos começar a habitar não é nem a metrópole nem o território, mas o excedente da relação conflituosa entre um e outro, o seu resto.

Talvez seja possível falar de um *território nu* como se usa para "vida nua",[136] ou seja, ver os territórios governamentais como fruto de uma separação originária, de uma divisão constituinte feita no corpo da Terra e que "ocidentalizou" a sua forma, entregando-a ao dispositivo de inclusão/exclusão estudado por Giorgio Agamben em *Homo sacer*. E o que é capturado desse modo pelo dispositivo é exatamente o *habitar*.

Ao debater seu significado, Carl Schmitt interpreta a palavra *nomos* apelando, também ele, a uma etimologia tortuosa do verbo grego *némein*, em termos tipicamente ocidentais de apropriação, distribuição e produção.[137] De fato, ele liga estas três ações sucessivas à história inteira do direito, e tem certamente razão quando acusa o socialismo e o liberalismo de colocar o primeiro termo entre parêntesis, de ter ocultado a apropriação, a fim de se concentrar sobre os problemas da distribuição e da produtividade. Tem razão porque, para a história ocidental, é exatamente naquele gesto inicial, *constituinte*, que está a chave do que acontece depois, e é por isso que representa o coração de toda constituição. Se o primeiro gesto de tomar se torna imediatamente *direito de propriedade*, é claro que os dois momentos seguintes serão, para nós, de difícil solução. Mas se aquele gesto se resolve no livre uso, então é possível que os outros dois termos possam ser reconduzidos à distribuição e à elaboração de uma forma de vida mais feliz e mais justa. A questão da Terra/território

---

136 N. da E.: A "vida nua" é fruto da desarticulação entre zoé e as formas de vida do bíos, no sentido de que a vida política é reduzida à nua existência biológica. Em entrevista concedida à Flavia Costa, Agamben faz um comentário que nos ajuda a compreender: "Aquilo que chamo vida nua é uma produção específica do poder e não um dado natural. Enquanto nos movimentarmos no espaço e retrocedermos no tempo, jamais encontraremos — nem sequer nas condições mais primitivas — um homem sem linguagem e sem cultura. [...] Podemos, por outro lado, produzir artificialmente condições nas quais algo assim como uma vida nua se separa de seu contexto: o muçulmano em Auschwitz, a pessoa em estado de coma etc. "Entrevista com Giorgio Agamben. *Revista do Departamento de Psicologia* - UFF, v. 18 (1), p. 135. Disponível em: https://www.scielo.br/j/rdpsi/a/qfWSyKkKcpMDVxy3Bj5Vmzz/.

137 Carl SCHMITT, "Appropriazione, divisione, produzione", em *Le categorie del "politico"* (Bolonha, Il Mulino, 1972), pp. 298-312.

traz consigo a do direito, pois a toda apropriação/ocupação de um território corresponde uma mensuração anterior que constituirá a medida/fundamento de tudo o que virá em seguida, a partir da instituição da propriedade. E aquela medida, diria Schmitt em *Nomos da Terra*, também contém o que tomará (abusivamente, acrescentamos) a toga da justiça, à qual logo se sobreporá o direito. Mas é precisamente por isso que a destituição do direito começa sempre ali, na Terra, nos territórios.

A ocupação de um território, disse Schmitt, determina um movimento fundamental tanto para dentro quanto para fora. No primeiro caso, decidindo o regime de propriedade, que, segundo Schmitt — ecoando Kant — é, em todo caso, uma *"superpropriedade* da comunidade no seu inteiro";[138] no segundo caso, designa substancialmente as relações de amizade e de inimizade com outros grupos: ocupa-se sempre algo vazio (o que é raro, ou melhor, impossível) ou onde já há alguém, e então é óbvio que começam os problemas. Paulatinamente, a ocupação/apropriação ocidental foi estendida até envolver todo o espaço possível, e a exclusão nitidamente se tornou cada vez mais uma exclusão interna. Não por acaso foi proposto que o paradigma atual da governamentalidade seja não o simples território, mas o "campo" — com suas especificidades contemporâneas, tal como as *zonas* ou os *clusters*. Ressaltando, novamente, que não se deve imaginar o campo exclusivamente como lugar físico ou geográfico, mas como *condição* ao mesmo tempo espacial, temporal e existencial do Governo.

A criação de um território, ou seja, de um lugar funcional mediante o dispositivo de inclusão/exclusão, talvez seja a primeira ação do direito que define o espaço da política como gestão e neutralização da conflitualidade entre formas diferentes de vida. A messianidade de um território é, portanto, dada pela potência de tornar inoperante aquele gesto de apropriação, ou, ainda, de recompor a divisão destituindo o que mantém a separação em ato, permitindo, assim, habitar a Terra plenamente, para que ela se torne um mundo.

---

138 Carl SCHMITT, *Il Nomos della terra* (Milão, Adelphi, 2006), p. 24; ed. bras.: *O nomos da Terra no direito das gentes do jus publicum europaeum*, trad. Alexandre F. de Sá, Bernardo Ferreira, José Maria Arruda e Pedro Hermílio Villas Bôas Castelo Branco (Rio de Janeiro, Contraponto, 2014).

A própria casa, desde a Antiguidade, sempre foi a disposição técnica originária destes espaços de divisão inclusiva/exclusiva. Divisão fundante entre *oikos* e *polis*, claro, mas também dentro da própria casa: espaços para homens e espaços para mulheres, para pais e para filhos, para patrões e para escravos, para o castigo e para o divertimento. De fato, a casa é antropologicamente o lugar onde nasce a laceração política fundamental, a guerra civil que ainda percorre todos os nossos territórios. O lugar onde a divisão se torna interessante, porque nos remete ao significado original de *stasis* — a palavra grega traduzida normalmente como guerra civil — que, como recorda Nicole Loraux, significa "nada além de uma posição: que, depois, a posição tenha se tornado partido, que o partido tenha sido sempre necessariamente constituído ao final das sedições, que uma facção convoque a outra e que, então, a guerra civil estoure [...]".[139] Dessa forma, o que é sempre fundamental neste estranho movimento é o *tomar posição na guerra civil permanente*, e sem esse gesto não existe nenhum discurso revolucionário possível. Se notarmos, em toda revolta, o que acontece é a abertura de uma possibilidade inédita, a multiplicação do que normalmente é interdito, ou, ainda, o tomar posição sobre algum aspecto da existência cotidiana, a partir dos mais ínfimos. É só atravessando esses instantes, aprendendo a tomar posição, que é possível a revogação integral do estado de coisas presente. Walter Benjamin havia observado isso durante sua viagem à Rússia bolchevique, quer dizer, em um espaço e um tempo de exceção revolucionária: "Cada um é constrangido a escolher o próprio ponto de vista e a pensá-lo com atenção".[140] Divisão, facção, posição, partido, retomando necessariamente sedição, revolta, insurreição, revolução. Mas, além de tudo isso, o que bem ou mal já conhecemos: o momento destituinte consiste em suspender a validade de todo "princípio" que preside a divisão constituinte.

Como nota ainda Loraux, a palavra *stasis* tem um duplo sentido do qual os filósofos da política fogem deliberadamente: de um lado, significa algo relacionado com movimento,

---

139 Nicole LORAUX, *La città divisa* (Vicenza, Neri Pozza, 2006), p. 72; ed. esp. *La ciudad dividida* (Buenos Aires, Katz Editores, 2008), p. 23.

140 Walter BENJAMIN, *Diario moscovita* (Turim, Einaudi, 1983), p. 132.

com agitação, mas, de outro, significa estar parado, imóvel, como que suspenso. Portanto, diz Loraux, *stasis*, palavra intimamente conexa com o significado de insurreição, é um "movimento imobilizado",[141] suspensão a partir da qual podem nascer possibilidades inéditas. Com Benjamin, diríamos, então, que é uma imagem da dialética em estado de suspensão — "Dialektik im Stillstand" — uma estrutura monádica: "Nesta estrutura, ele [o materialista histórico] reconhece o signo de uma imobilização messiânica do acontecimento, em outras palavras, de uma oportunidade revolucionária na luta pelo passado oprimido".[142] Assim, insurreição não é nunca uma simples agitação de massa, formigamento caótico ou racional de ações, e sim uma parada, movimento imóvel, bloqueio da História: em proveito de um outro uso do tempo e da política. Não é por romantismo que, primeiro Marx e depois Lênin, sempre falaram da insurreição como de uma arte e nunca como de uma ciência. Uma arte da suspensão da política.

Um território destituinte, então, será sobretudo aquele território capaz de frear os fluxos anárquicos da metrópole capitalista, de deter a proliferação de ações de mercantilização, de bloquear, em uma imagem dialética, o desenvolvimento incessante das relações de produção, das relações afetivas e éticas que permitem à civilização do capital funcionar e, ao fazê-lo, de extrair, da multiplicidade de tomadas de posição, a figura do amigo e do inimigo. E, então, nesse movimento imóvel, fazer brilhar a brecha revolucionária.

Jean-Paul Dollé, por sua vez, lembra-nos do nexo diabólico que se institui no capitalismo contemporâneo entre o território, o habitar e a propriedade privada: "A apropriação do próprio corpo passa pela apropriação do espaço em que este se desdobra. A casa é a extensão de si".[143] A modernidade não só nos levou a crer que o habitar se identifica substancialmente com um apartamento, mas também, nos últimos anos, fez crer que

---

141 Nicole LORAUX, op. cit., pp. 25-28.
142 Walter BENJAMIN, *Sul concetto di storia*, op. cit., p. 80, grifo de M. T.; ed. bras.: "Sobre o conceito de história", em *Obras escolhidas I — Magia e técnica, Arte e política*, op. cit., tese XVII.
143 Jean-Paul DOLLÉ, *L'inhabitable capital* (Paris, Lignes, 2010), p. 14.

ser proprietário de uma casa nos faria mais livres, enquanto tornava todos, antes de tudo, mais reacionários. Mas a crise dos *subprimes* desafiou até mesmo essa equivalência fundante do liberalismo, isto é, entre ser proprietário e ser livre: o proletário contemporâneo não só não é livre porque o uso do seu corpo é adquirido pelo patrão, como também não tem nem mesmo a casa como hipótese de liberdade e, se o crédito significa habitar o futuro, a casa onde vive o proletário, ao menos até que não seja expulso, adquirida com um débito que se torna cada vez mais inextinguível, é habitada em um tempo que não é o presente histórico, mas um presente projetado em um futuro impossível, aniquilado pela crise de débitos. É esta uma das inúmeras condições — não só materiais, mas existenciais — da inabitabilidade difusa, ou melhor, da invivibilidade do presente. Assim, a metrópole se torna, formal e realmente, inabitável, irreformável. Por isso, a revolta, a interrupção de seu incessante funcionamento, é o único modo de começar a habitar verdadeiramente um lugar, porque a suspensão da ordem do presente, a desaceleração do tempo, permite a tomada do mundo e sua modificação, torna-se o meio de um compartilhamento, de uma elaboração comum que se subtrai ao niilismo promovido pela ilusão da propriedade privada e do direito. O território que entra em processo destituinte é, de alguma forma, perceptível por meio da imagem a que o tempo da revolta dá vida, interrompendo o presente quando tudo toma a sua forma *justa* e se desprende da ordinária.

Um território destituinte poderia ser entendido, portanto, como um *território médio,* retomando a proposta agambeniana de uma ontologia medial que nos apresenta uma nova forma da práxis humana: "todo uso é, antes de tudo, uso de si: para entrar em relação de uso com algo, eu devo ser por ele afetado, constituir a mim mesmo como aquele que faz uso de si. No uso, homem e mundo estão em relação de absoluta e recíproca imanência: ao usar algo, o que está em jogo é o ser do próprio usante".[144] Desse modo, o território afeta aquele que dele faz uso e que, portanto, torna-se seu habitante, e vice-versa,

---

144 Giorgio AGAMBEN, *L'uso dei corpi*, op. cit., p. 55; ed. bras.: *O uso dos corpos*, op. cit., p. 49.

o habitante afeta e assim cria um território no uso que faz dele. Da mesma forma, sem fazer mais referência à divisão externo/interno, o território deixa de sê-lo.

A propósito de mediedade, também Bertold Brecht pensava que o comunismo não é o extremo, não é o radical, e sim o "termo médio". Radical, ao contrário, é o capitalismo, como verdadeira força niilista que vai às raízes para destruir toda intensidade e todo vínculo. O comunismo não elimina os vínculos que podem subsistir nos territórios, nem mesmo os solicita; como mostrou Andrea Cavalletti em termos benjaminianos, o comunismo desmonta os vínculos com uma obra de "afrouxamento (*Auflockerung*) dos antagonismos capazes de tornar inativo o dispositivo social",[145] e o faz, dizia Benjamin, com ajuda da solidariedade, um tipo de intensidade que não pode nunca ser *externa*, não pode nunca vir de fora da classe revolucionária. Nesse momento, no seu meio, é possível tentar transformar a própria função dos vínculos, ou seja, olhar para sua potencialidade inexpressa. Algo que tem mais relação com a magia natural de Giordano Bruno do que com a engenharia social. Assim: não se deve pensar de modo simplista sobre a ocupação ou destruição *sans phrase* de um território, quando este se apresenta, na metrópole, saturado de hostilidade — lembrando, por exemplo, dos territórios gentrificados ou das periferias fascistas —, e sim pensar na possibilidade de desagregá-lo de dentro para fora, afrouxá-lo e examinar as possibilidades de compô-lo de maneira diversa, não de forma abstrata, mas na própria vida. Portanto, analisar a relação entre coisas e homens que existe em um dado território, afrouxar os antagonismos internos à "classe" que ali vive, reconhecer a guerra civil onde ela sempre esteve, tomar posição e transformar também o território por meio da obra da solidariedade, que destituirá, sobretudo, o primeiro gesto do direito, ou seja, a apropriação como tomada de *posse* de um lugar. Sempre prestando atenção ao fato de que não são nunca os "lugares" como tais que obstaculizam, mas os "lugares" como condição do Governo, uma condição que é principalmente temporal e existencial.

Se território médio significa que o sujeito é interno ao território, mas também que o território é ao sujeito, então, ambos

---

[145] Andrea CAVALLETTI, *Classe* (Turim, Bollati Boringhieri, 2009), p. 37.

estarão em uma relação recíproca de imanência, de modo a neutralizar a tradicional dupla sujeito/objeto que define dialeticamente as relações. Geralmente, a relação entre um sujeito e um território é resolvida na apropriação e na exploração do segundo pelo primeiro, ou na transformação do sujeito em uma das funções de um território constituído, fechando os dois polos em um dispositivo assujeitado à força exterior do Governo. Que a potência destituinte invista em um território significa, ao mesmo tempo, a destituição do sujeito e a deposição das duas possibilidades de relação com este ofertadas na metrópole — propriedade ou dispositivo — para entrar em um devir diferente, em que, com a deposição da relação de abuso existente entre um e outro polo, rompe-se a separação entre território e sujeito e essa ruptura transforma-os em outra coisa. Particularmente, nessa transformação, acontece uma separação entre forma de vida e território. Então, está correto quem defende que é preciso "tornar-se o território", o que significa destituí-lo efetivamente, em vez de produzi-lo, ocupá-lo ou mantê-lo. Por isso, fazer uso do território significa exatamente isto: neutralizar sua economia específica mediante a decomposição de seus elementos, dissolver os vínculos, procurando uma outra forma de contato, na qual seja este a criar o espaço e o tempo de habitabilidade, portanto, de uso pelos (não)sujeitos e pelos próprios lugares. Significará, assim, simplesmente *habitá-lo e destituí-lo no uso*.

Habitar é difícil exatamente porque é difícil fazer uso de alguma coisa que, assim como o território, nasceu como dispositivo de captura; além disso, porque é difícil abandonar-se aos lugares, deixar-se tomar em vez de tomar, desapropriar-se mais que dele se reapropriar. A reapropriação, uma palavra de ordem muito difusa nos movimentos antagonistas, é ambígua pelo menos nesse sentido, pois se não é precedida, atravessada e completada pelo sentido da comuna, por um relaxamento dos antagonismos internos, pela ação da solidariedade, só pode levar — mesmo no melhor dos casos — a uma réplica do gesto constituinte do direito, talvez declinado de forma "alternativa", portanto, sempre revogável, e que, em todo caso, continuará a participar da continuidade da História inimiga.

O próprio habitar deve, assim, ser repensado em sentido destituinte.

No diário de 8 de junho de 1931, Walter Benjamin relata uma conversa com Brecht sobre os modos possíveis de habitar.[146] Benjamin conta que, naquele dia, tentava mudar o rumo da conversa com o dramaturgo, do plano dos príncipes, dos conceitos, para o plano dos "comportamentos", isto é, da ética, e assim acabaram falando naturalmente sobre o habitar. Segundo Brecht, existe um primeiro modo de habitar, que ele define como "envolvente", ou conformador, que modifica o ambiente e o torna funcional, de forma que aquele que o habita se sinta sempre em casa, sendo, por sua vez, funcionalmente determinado por ele. É o habitar burguês, um habitar cenográfico, como anotou Benjamin. A esse modelo, Brecht sempre contrapõe um outro, o seu próprio, o de sentir-se um "hóspede" em toda parte, sem nenhuma responsabilidade diante das coisas de que faz uso, podendo, a qualquer momento, ser despejado por essas mesmas coisas. Este é o habitar que deixa menos rastros possíveis do sujeito em um determinado ambiente e que é tipicamente o do militante ilegal. Benjamin, por sua vez, expõe uma outra dialética do habitar: de um lado, o que confere o máximo de hábitos, do outro, o que lhe dá o mínimo, ambos passíveis de se tornar, em seus polos extremos, patologias do habitar. No primeiro modo, quem habita se torna uma "função" das coisas, uma espécie de apêndice dos dispositivos. No segundo, há o habitar que se desenvolve contraindo o mínimo de hábitos, o "alojar", que é um habitar precário, mas também destrutivo, pois impede que se formem hábitos, simplesmente porque "varre progressivamente os objetos que constituem seu ponto de apoio". É interessante que Heiner Müller — cujo trabalho de poeta e dramaturgo fez explodir os legados de Brecht e de Benjamin juntos — tenha dito que "a própria ideia do habitar não se reveste, para mim, de particular importância [...] Sou um homem das cavernas, ou um nômade [...] não consigo me libertar da sensação de não pertencer a nenhum lugar. Não existe uma casa para mim, a partir do momento em que não posso me permitir um castelo, mas somente alojamentos temporários e locais onde trabalhar. Ao apartamento de Berlim-Friedrichsfeld, um prédio

---

146 Walter BENJAMIN, *Opere complete*. Vol. IV. Scritti 1930-1931 (Turim, Einaudi, 2002), p. 443.

pré-fabricado recente, típico da construção da RDA [...] me ligam associações prazerosas: *é uma casa que anula o conceito de habitação, de habitação entendida como domicílio*".[147]

Certamente, como deveria já estar claro, *habitar* não significa o fato trivial de estar domiciliado em algum lugar, um apartamento, um quarto, um barraco, o que seja, mas é o verbo que indica a condição, ou seja, o *como* nós somos no mundo, a relação consigo e com o mundo como elaboração de uma forma de vida. Benjamin, no fundo, disse-nos que é o uso que fazemos das coisas e o que as coisas fazem de nós que decide, em grande parte, este habitar. O problema não parece ser que existam as coisas ou que tenhamos uma relação específica com as coisas, e sim o da destituição da possibilidade *coisal* — ou ainda, eficientista e instrumental — de constituir as coisas em nossa maneira de viver. Devemos conseguir usá-las de maneira pobre, que não seja como propriedade sobre as coisas — "ser em meio às coisas, sem tomar-lhes posse"—,[148] nem como nossa subalternidade em relação a elas, e sim, quando existirem as condições, como o da afeição. Esse uso diverso de si em relação às coisas pode, em certo momento, mostrar "de que modo a miséria, não somente a social, mas também a arquitetônica, a miséria dos interiores, as coisas escravizadas e escravizantes, transformam-se em niilismo revolucionário".[149] A partir daí, da destruição desse estado das coisas, operar sua transvaloração comunista, no sentido, por exemplo, em que entendia Aleksander Rodchenko, para quem os objetos, especialmente os de uso cotidiano, podem devir *companheiros*, assim como os humanos.

Há alguns anos, em um anônimo *Apelo* que marcou os movimentos revolucionários dos nossos tempos, amigos escreveram que não deveríamos mais pensar o "partido" como uma organização burocrática, nem como um substituto da família,

---

147 Heiner MÜLLER, *Guerra senza battaglia* (Rovereto, Zandonai, 2010), p. 240, grifo de M. T.; ed. bras.: *Guerra sem batalhas* (São Paulo, Estação Liberdade, 1997).

148 Reiner SCHÜRMANN, *Maestro Eckart o la gioia errante* (Roma e Bari, Laterza, 2008), p. 22.

149 Walter BENJAMIN, *Il surrealismo...*, op. cit., p. 15; ed. bras.: "O surrealismo" em *Obras escolhidas I — Magia e técnica, arte e política*, op. cit., p. 35.

mas como "um conjunto de lugares, de infraestruturas, de meios comunizados, os sonhos, os corpos, os murmúrios, os pensamentos e os desejos que circulam entre esses lugares, o *uso* destes meios, o *compartilhar* dessas infraestruturas [...] a constituição por força de uma sensibilidade [...] o desdobramento de um arquipélago de mundos". E tudo — almas, corpos e coisas — será, na comuna que habitaremos, nossos companheiros.

É isso que podemos imaginar como a primeira batalha, a dos prolegômenos para um habitar destituinte.

A FRENTE DO BYT (bolchevismo destituinte)

O mundo acabou.
A viagem começa.
— Benjamin Fondane, *Ulysse*[150]

A greve destituinte pode ser, então, entendida como um meio puro que, ao mesmo tempo em que destrói o presente dominante, recompõe aqueles fragmentos de vida dispersos, os fragmentos daquele *nós que eu sou* cujas coordenadas espaciais e temporais perdemos um dia; fragmentos provenientes do desmoronamento do ser, que Benjamin pensava como o produto principal do culto do qual o capitalismo é o nome, e que é atravessado fortemente pelo afeto do desespero. Em outras palavras, a greve destituinte permite concentrar em um só gesto a possibilidade de restaurar a forma desse ser qualquer e disperso, de fazer dele o eu *tiqqun*. Um gesto — que abole e, ao mesmo tempo, encontra a esperança — é realizado por aquela

---

150 Uma edição portuguesa do livro de Benjamin Fondane foi publicada pela editora VS, em janeiro de 2021, sob o título *Ulisses*.

forma vivente gerada pela suspensão da produção e da reprodução do presente, do bloqueio do funcionamento normal apocalíptico da "sociedade", mas também da deposição do Eu que esvanece na paisagem incandescente da metrópole revoltada. Emerge, portanto, do bloqueio do presente, *quando tudo para* — o que, de fato, é o pesadelo recorrente da *governance* metropolitana. Sob a infraestrutura, dos pixels, das milhares de telas que nos separam do mundo e de nós mesmos, há a paisagem, a paisagem longa e profunda: "A paisagem tem vida mais longa que o indivíduo. E, no entanto, espera o desaparecimento do homem, que desfruta dela sem qualquer preocupação com o futuro da própria espécie".[151] Sob a História, sob o Moderno, ao contrário, não há nenhuma praia, e sim o povo que falta.

Suspende-se a História para fazer emergir um novo tempo, não para regressar ao eterno retorno do mesmo: a possibilidade da criatura ocidental não está em *continuar* a produzir novas tecnologias, em perseguir infinitamente um futuro inalcançável, em construir histórias desprovidas de justiça, e sim em *interromper* a deprimente serialidade de todas essas ações. É no compor as coisas, dentro da interrupção, "só um pouco" diferentes, como sugere a parábola rabínica narrada por Scholem a Benjamin, e depois transmitida por Ernst Bloch: no reino messiânico "tudo será como é agora, só um pouco diferente".[152] Por isso, e ao contrário, Kafka, no *Processo*, diz que o mal, no mundo da Lei, realmente se apresenta na disposição das coisas cotidianas aparentemente a mesma de sempre, porém um pouco diferentes de como deveriam ser: "tudo era *quase* exatamente como na noite anterior",[153] reflete K., em seu alojamento, observando o entorno depois de perceber que estava inexplicavelmente paralisado. E é esta pequena e potentíssima mudança de eixo do mundo, talvez, o significado genuíno da greve

---

151 Heiner MÜLLER, *Guerra senza battaglia*, op. cit., p. 253.

152 N. da E.: Essa passagem encontra-se na narrativa que Walter Benjamin faz de uma parábola que circulava entre os chassidim sobre o mundo que vem. Giorgio Agamben cita parte dela em *A comunidade que vem* (Lisboa, Editorial Presença, 1993), p. 44.

153 Franz KAFKA, "Il processo", em *Romanzi* (Milão, Mondadori, 2006), p. 138, grifo de M. T.; ed. bras.: *O processo*, trad. Modesto Carone (São Paulo, Companhia das letras, 1997).

messiânica evocada por Benjamin, uma greve que não termina com o retorno ao idêntico, àquele maldito tempo homogêneo e vazio que mói e esvazia de sentido a nossa existência, mas que, ao contrário de acabar na satisfação exterior da reivindicação de um direito, provoca uma pequena mudança do eixo metafísico do mundo que permite o acesso a uma outra forma de vida, a uma outra verdade do mundo, àquela origem que é a meta, fornecendo as condições materiais e espirituais de possibilidade: uma linha de fuga intensiva do presente e, ao mesmo tempo, momento de entrada em uma nova época histórica. Que a greve se torne um daqueles *limiares* transformadores mencionados no livro *Passagens*. Uma greve *sem fim* e, portanto, não infinita. Uma *passagem* para outro "estado de mundo", mais elevado.

Por isso, toda greve verdadeira é também uma greve contra nós mesmos, assim como a classe operária já lutava para destruir a si mesma como parte do capital. Para os devires revolucionários, isso quer dizer estabelecer como uma regra de vida o que Michel Foucault escrevia, talvez com uma ponta de desencanto crítico ao pensar na França pós-68: "Talvez, o objetivo hoje em dia não seja descobrir o que somos, mas recusar o que somos. Temos que imaginar e construir o que poderíamos ser [...]".[154] Portanto, a greve destituinte deve passar por uma dessubjetivação inevitável, além da deposição do comando que a subjetividade encontra diante de si, e deve passar por uma suspensão da própria identidade contingente, além da destruição do acúmulo de opressão que todos experimentamos diariamente: só assim uma greve se pode dizer justa.

Conceber a greve destituinte como processo que procede de uma interrupção pode significar, de um lado, intensificá-la individualmente, de outro, deixar que se difundam e organizem todas aquelas práticas de destituição que estão disseminadas por toda parte: no trabalho e nas relações, na amizade e no pensamento, no habitar e no combater, no amor e na arte, e fazer de

---

154 Michel FOUCAULT, "Perché studiare il potere: la questione del soggetto", em *Poteri e strategia* (Milão, Mimesis, 1994), p. 102; ed. bras.: "O sujeito e o poder. Por que estudar o poder: a questão do sujeito" em Hubert DREYFUS e Paul RABINOW. *Michel Foucault, uma trajetória filosófica: para além do estruturalismo e da hermenêutica*. Apêndice (Rio de Janeiro, Forense Universitária, 1995), p. 239.

tudo isso uma frente da subversão que salte, de uma só vez, a divisão entre frente interna e frente externa. Isso significa fazer surgir *a frente das formas de vida*.

Muitos, entre os bolcheviques, nos anos 1920, falavam da *novy bit* — a nova forma de vida — como a principal batalha a vencer no processo revolucionário, por exemplo, por meio da criação das comunas.[155] A batalha fracassou na década seguinte, precisamente a partir da resolução do Comitê Central do Partido Comunista, de 29 de maio de 1930, quando o stalinismo conseguiu restaurar os pressupostos ideológicos da forma de vida pequeno-burguesa, condenando os projetos que buscavam a construção de novas formas de vida como "extremistas", "desprovidas de fundamento" e "semifantásticos" — todos elogios, se observarmos bem. Maïakovsky já havia se suicidado um mês antes dessa sentença.

O *novy byt*, assim como o *Monumento à Terceira Internacional* de Tatlin — um antimonumento feito de aço, vidro e revolução, disse Viktor Šklovskij — foi e continua sendo o inacabado de Outubro. Era uma outra visão do fim da modernidade, uma outra antropologia a caminho, a que perseguia a imaginação prática daqueles comunas, diferente do sonho de uma regressão ao antigo ou do projeto pequeno-burguês suficiente apenas para satisfazer as necessidades de um punhado de amigos (ainda que seja sempre a partir dessa verdade, a da amizade revolucionária, que tudo tome forma).

De outro modo, os situacionistas não estavam certos quando disseram que os sucessos aparentes do Movimento operário eram a sua verdadeira derrota — o reformismo, a burocracia estatal, a industrialização da vida — e as derrotas das suas garras revolucionárias eram seus verdadeiros sucessos, precisamente na medida em que estes permanecem como imagens-relâmpago do futuro, ou seja, questões ainda abertas, inconclusas?

---

155 Além das muitas experiências que ocorreram nas cidades soviéticas, estudadas, por exemplo, por Anatole Kopp, não foram poucas as comunas situadas no campo. A propósito, veja-se o estudo de Éric Aunoble, *Le communisme tout de suit! Le movement des communes em Ukraine soviétique (1919-1920)* (Paris, Les Nuits rouges, 2008). Richard Stites, no seu *Revolutionary dreams. Utopian Vision and Experimental Life in the Russian Revolution* (Nova Iorque, Oxford Universtiry Press, 1989), refere-se a três mil comunas rurais presentes, no ano de 1921, nos territórios da revolução.

É de grande interesse o fato de que a questão do *novy byt*, durante os primeiros anos da revolução bolchevique, estivesse no centro dos projetos e das discussões movidas pelos arquitetos comunistas mais audazes e visionários, sustentados pelo ritmo potente da poesia de um Maiakovsky.[156] Moïse Guinzbourg, Ivan Léonidov, Youri Larine, os irmãos Vesnine, Andréi Bourov, Mikhail Barshch e tantos outros colocaram a questão da reconstrução da forma de vida a partir dos objetos de uso cotidiano até chegar a projetos que envolvessem territórios inteiros. Porém, sem nunca negligenciar os afetos, sua composição e as possibilidades ou impossibilidades que contêm. Esses arquitetos se perguntaram: como podemos crer realizar a revolução em um ambiente pensado e construído pela inteligência burguesa? Como podemos pensar em transformar a estrutura que deveria permitir à revolução sobreviver, se não transformamos a própria vida, o nosso modo de habitar o mundo? Que revolução é essa que não se preocupa, acima de tudo, com a destituição da forma de vida concebida pelo mundo contra o qual lutamos? De fato, não era suficiente a apropriação coletiva dos meios de produção e de troca para transformar a vida, o que estava no centro das suas preocupações era a transformação da existência dentro do espaço e do tempo novos, abertos pela Revolução. De outro lado, a transformação da forma de vida deveria constituir um bom antídoto ao inevitável reformar-se do espírito pequeno-burguês durante a N.E.P.,[157] e os partidários do *novy byt* estavam bem conscientes disso, pois nem os apelos do próprio Lenin à disciplina eram suficientes. O problema não era tanto permitir que houvesse ainda uma economia, mesmo que colocada sob o controle da política bolchevique, mas a recusa da burocracia partidária em considerar a forma de vida como a *verdadeira* questão da revolução. A L.E.F.,[158] a frente de esquerda da arte, esteve entre os poucos

---

156 Anatole KOPP, *Changer la vie, changer la ville. De la vie nouvelle aux problèms urbains. U.R.S.S. 1917-1932.* Paris, UGE,1975. Col. 10|18

157 N. da T.: N.E.P. - Nova Política Econômica, denominação dada ao projeto político-econômico desenvolvido pelo governo da União Soviética entre 1921 e 1928.

158 N. da T.: L.E.F. - romanização da sigla "ЛЕФ", que indicava o título do periódico Левый фронт искусств [Frente esquerda das artes], publicado entre 1923 e 1925, do qual Osip Brik e Vladimir Maiakovsky foram editores.

personagens coletivos a liderar essa obra de "arte-construção da vida", graças a uma compreensão mais refinada da guerra civil: "A burguesia e a nobreza — os exploradores — foram derrotados militar e politicamente, mas sua influência permanece aqui, sempre presente. Mais presente que a presença da revolução, porque cada objeto, cada edifício, cada pintura, cada monumento, cada testemunha cultural é carregada com os valores da burguesia que os criou à sua imagem, para seu próprio uso e prazer. O cotidiano, os ambientes, são os mesmos de ontem, assim como a moral e a ideologia".[159] O movimento das comunas dos anos 1920, além disso, contradizia na prática a ideologia oficial — talvez muito marxista, mas certamente pouco comunista —, a qual defendia que, sem uma completa mudança preliminar das relações de produção, não seria possível modificar nada das assim chamadas superestruturas. As comunas ignoraram esse artigo de fé e colocaram-se como experimentos da construção do comunismo *aqui e agora*, por meio da construção de "comunas de forma de vida".[160] Elas interromperam materialmente o *continuum* das formas de vida tradicionais e constituíam também os "interruptores" para novas configurações do mundo. E não eram poucas: só em Leningrado, em 1930, um pouco antes da sua excomunhão, havia setenta e sete comunas, cada uma com sua maneira de ser, uma forma singular, um estilo de vida próprio. Ao lado do esforço produtivo e da aceleração técnica, continuar a construir locais onde se experimentasse o comunismo e onde os espaços de lentificação e aprofundamento eram privilegiados, talvez tivesse permitido algo diferente do socialismo de Estado que, no final, despontou e substituiu as comunas pelos "coletivos" mais prosaicos. A coletivização é a perversão do comunismo, e sua verdadeira realização, disse Müller com razão, não está no socialismo, mas na monotonia dos rostos e das almas que enchem o McDonald's.[161]

---

159 Citado por Anatole KOPP, *Changer la vie, changer la ville*, op. cit., p. 138.

160 Ibid., p. 162.

161 "A oferta capitalista repousa sobre a angústia da solidão. O McDonald's é a oferta absoluta de coletividade. Senta-se, em qualquer lugar do mundo, no mesmo lugar; come-se a mesma merda e todos ficam felizes, pois, no McDonald's, é-se um coletivo. Até mesmo os rostos nos restaurantes do McDonald's estão se tornando cada vez mais semelhantes." Henri MÜLLER, *Penser est fondamentalement coupable*, op. cit., pp. 205-206.

Naquele clima, entre os anos 1920 e 1930, a atividade dos arquitetos construtivistas ganhou destaque, porque para criar uma comuna, para perseguir uma forma de vida comunista, é preciso um habitat adequado às suas necessidades e aos seus desejos. Uma de suas grandes ideias é a dos "condensadores sociais", ou seja, uma habitação, um complexo arquitetônico, ou, ainda, uma cidade inteira, que pudesse ter qualidades semelhantes às dos condensadores elétricos, ou seja, transformar e manter a energia da comuna ao infinito, um espaço habitável, atravessado por uma corrente contínua que sempre antecipasse um pouco a intensidade acumulada em seu lado externo, um lugar e um tempo em que as forças individuais e coletivas, operando conjuntamente, transformassem a forma de vida por meio de duas linhas de fuga: a primeira, a da construção material de um novo habitat que acolhesse e permitisse aprofundar as novas práticas de vida; a segunda, a da antecipação do futuro no presente, sem deixar de recuperar o sentido da antiga *obshchina*,[162] e que funcionasse, enfim, como um potente difusor daquelas práticas. Um condensador social deveria, assim, provocar um choque, uma interrupção visual, concreta e emocional no *continuum* da velha cidade, enxertando um modelo dialético no coração da forma de vida burguesa ou tradicional. Tratava-se, assim, de um *condensador de intensidade*, vez que tudo, além de um certo grau de intensidade, torna-se político. Assim, chegou-se ao ponto de projetar "não cidades",[163] passando pela Dom-Kommouna, a Casa-Comuna, até a revolução de um território inteiro. Nesse ponto, de fato, torna-se claro que não era possível pensar em revolucionar verdadeiramente a vida sem mudar todo o contexto no qual nasciam as novas formas de habitar, e é aqui que reencontramos as instituições e ideias mais fascinantes. O arquiteto comunista Leonid Sabsovitch não voltou atrás ao afirmar que, mais cedo ou mais tarde, seria necessário tirar "da superfície da terra todas as cidades e

---

162 N. da T.: Obshchina ("община"), literalmente, comuna. Termo utilizado para se referir a comunas tradicionais eslavas. As obshchinas eram comunidades de trabalho e ajuda mútua de servos livres ou semilibertos, frequentes até meados do século XIX.

163 Anatole KOPP, *Changer la vie, changer la ville*, op. cit., p. 197.

vilas existentes",[164] até mesmo destituir todas as relações preexistentes: entre homem e mulher, entre trabalhadores e meios de produção, entre cidade e campo. E tudo isso sem recorrer ao socialismo de quartel que já vinha sendo implantado na União Soviética, mas projetando algo que rompesse totalmente com aquele triste quadro humano.

Havia, assim, os chamados "urbanistas", como Sabsovitch, que eram partidários de uma progressiva descentralização e de uma reconstrução socialista das cidades que, em seu ponto de vista, não deveriam exceder uma população média de quarenta a sessenta mil habitantes, e dentro das quais se organizaria uma forma de vida que deveria ser pensada imediatamente, coletivamente, em toda parte: "Não só nas fábricas, não só nos clubes, é em todas as habitações que se deve discutir *como nós devemos organizar a nós mesmos*".[165] Mas foram especialmente os "desurbanistas", como Mikhail Okhitovich — os quais se apresentavam com traços do que havíamos definido como uma política primitiva —, que organizaram um pensamento sobre o habitar revolucionário que conserva aspectos estratégicos interessantes, embora, hoje, fosse necessário falar de desmetropolizar a vida, mais do que desurbanizá-la. E é precisamente tomando como objeto todo o território que os desurbanistas propõem o assalto ao ambiente burguês.

Inicialmente, é imprescindível para eles o fim da separação entre campo e cidade, objetivo que já está presente desde os escritos de Engels, mas que sempre permaneceria no estágio de slogan ideológico. Politicamente, a dispersão ou difusão do habitat — em suas palavras, a "desdensificação da cidade" — e de suas formas de provisionamento energético e material, tinham que responder ofensivamente à centralização política e produtiva que, já nos anos 1920, começara a se impor na União Soviética. Segundo Okhitovich, por exemplo, as vilas comunistas não deveriam ter um "centro", ou seja, era preciso destituir a função política das cidades capitais. Hoje, esse tipo de projetualidade comunista deve, evidentemente, também investir em infraestrutura digital, tanto no sentido de que isso seria útil na

---

164 Ibid., p. 282.
165 Ibid., p. 289.

sua realização prática quanto no sentido de destituir sua atual vocação totalitária. Evidentemente, não é possível nem desejável, do ponto de vista do *novo byt*, administrar tudo mediante um único "plano": *mil planos para o comunismo*.

Naqueles anos, Moishe Guinzbourg escreveu a Le Corbusier: "Fazemos um diagnóstico da cidade contemporânea. Dizemos: ela está doente, mortalmente doente, mas não queremos curá-la. Preferimos destruí-la a nos dedicar a um novo modo de repartição territorial da população [...]".[166] Ou seja: um *novo nomos*.

Foram eles, os desurbanistas, que criticaram a Casa-Comuna tal como estava se apresentando aos olhos dos contemporâneos; na sujeira e no barulho dos corredores, nos refeitórios aquartelados, nas filas infinitas para comer, lavar-se ou vestir-se, nas habitações coletivas socialistas que mais pareciam formigueiros despersonalizantes do que lugares onde habitavam coletivos de trabalhadores livres e conscientes, na taylorização policialesca da vida cotidiana, indicavam tudo de que era necessário desembaraçar-se o mais rápido possível. Aquelas, diziam os desurbanistas, não são comunas, mas "comunas-mentira". Um de seus alvos era o coletivismo exacerbado que consideravam a outra face do individualismo: "Propriedade pessoal, necessidades pessoais, iniciativa pessoal, desenvolvimento pessoal, mãos, pés, cabeça e cérebro pessoais, não só não desaparecem [no socialismo] como também estarão acessíveis pela primeira vez".[167]

Outra de suas mais interessantes ideias foi a de projetar complexos de habitação com casas modulares, desmontáveis e transportáveis, contra a ideia (segundo eles) pequeno-burguesa da casa — e da idade — eternamente fixada em um mesmo lugar. Imaginavam um tipo de "cidade-nômade", como a chamaram Deleuze e Guattari muitos anos depois, em um seminário sobre a cidade realizado no início dos anos 1970. Aliás, a eles não escapou o núcleo revolucionário da projeção dos desurbanistas, a saber, a destituição do habitar burguês e a construção de uma nova forma de vida: "Prodigiosa utopia a dos 'desurbanistas':

---

166 Ibid., p. 292.

167 Citação de Mikhail Okhitovich referida por Richard Stites, *Revolutionary dreams*, op. cit., 194.

produzir cidades-fluxo, cidades nômades, errantes sobre o imenso território soviético, que se alimentassem das fontes de energia natural transformada por aquelas em energia social [...]. Esses desurbanistas propuseram construir uma rede que repartisse a energia e, portanto, também as instalações, por todo o território, com um habitat nômade, leve, individual, desmontável [...] de modo a poder reagrupar e compor um habitat coletivo facilmente desagregável [...], células nômades a-familiares. Uma vez que essa utopia se fundava fora do familismo. Seu objetivo é o desaparecimento da divisão entre centro e periferia, entre cidade e campo".[168]

É longa essa trilha da subversão, a *frente do byt* é onde a bifurcação da história chega a seu máximo ponto de tensão. Hoje, no centro dessa bifurcação, só pode haver a luta para definir o nosso conceito de vida, de "bem viver", para falar com os indígenas latino-americanos. Uma boa vida que não é nunca só *para mim*, e sim *para nós*. Se a constituição, a pseudo autonomia e o pretenso bem-estar têm, para o poder dominante, um valor sacro, na justiça sei que "meu centro não está em mim",[169] mas sempre fora, e que o Eu deve, então, ser profanado e destituído.

É preciso acabar, de uma vez por todas, com o pseudoanarquismo infantilista que ainda predica as virtudes taumatúrgicas do indivíduo moderno, junto com a estúpida crença de que a liberdade de fazer/escolher individualmente o que nos agrada é alguma coisa revolucionária. Na verdade, é necessário parar bancar o extremista da ideologia ocidental.

Por fim, precisamos retomar uma velha reflexão de Mario Tronti para situar estrategicamente esse raciocínio sobre a greve destituinte, em que ele diz o seguinte: "*A classe operária, no que diz respeito à luta dentro da relação de produção, pode vencer só ocasionalmente; estrategicamente não vence, estrategicamente é classe, em todo caso, dominada*".[170] O maior limite de uma

---

168 *Généalogie du capital.* Tome 1: "Les équipemens du pouvoir" (Paris, Cerdi, Union Générale d'Éditions, 1973), pp. 112-113. Coll. Recherches

169 Jacob TAUBES, *La teologia politica di San Paolo* (Milão, Adelphi, 1997), p. 108.

170 Mario TRONTI, *Sull'autonomia del politico* (Milão, Feltrinelli, 1977), pp. 52-53.

política revolucionária sempre foi o de assumir o terreno da economia política e da produção como central, decisivo, contra o capitalismo, quando, na verdade, é exatamente o que nunca permite subverter a estabilidade do poder, pois permanece sempre *dentro* da sua relação; mesmo quando é "crítica da economia política", abandonar-se exclusivamente àquela política significa se fechar dentro de um dispositivo — luta/desenvolvimento, conflito/direito etc. — que aprisiona a potência do proletariado-revolução em um estado de eterna minoridade. Todos os movimentos contra a austeridade, nos últimos anos, se extinguiram rapidamente, ou foram derrotados com a mesma rapidez, exatamente porque permaneceram agarrados àqueles entulhos reivindicativos, encontrando seu naufrágio na impossibilidade ou na incapacidade de sair do "discurso do capitalista", que hoje é idêntico ao "discurso da democracia". O *affaire* grego,[171] no verão de 2015, foi um verdadeiro paradigma dessa situação.

Ao contrário, toda vez que se abriu uma brecha, ali onde o impossível se torna uma linha de fuga, isso só aconteceu por causa do surgimento de uma potência destituinte que colocou o mundo totalmente em questão a partir da atual parcialidade do ponto de vista, que é a do *como vivemos*, *onde vivemos* e, assim, permitiu experimentar, ainda que de forma fulgurante, uma vida que suspende o presente dominado pela felicidade capitalista, à qual cada um de nós está *condenado*.

---

171 N. da T.: O autor se refere ao referendo, realizado em 25 de julho de 2015, de proposta político-econômica feita pela União Europeia, pelo Banco Central Europeu e o Fundo Monetário Internacional, e que foi recusada por 61% dos votantes.

INTERRUPÇÃO I
"não existe amor infeliz"

*Não importa quanto me esforce, a minha
reflexão não consegue agarrar o amor;
resta-me nas mãos só a contradição.*

— S.O. Kierkegaard, *In vino veritas*

A porta de acesso à transformação de si e do mundo não está, então, nem na reforma do Estado, nem na aceleração tecnológica, não está na coletivização ou na afirmação da vontade. Todos esses meios se colocam como outras tantas telas entre a verdade e a realidade da existência, de modo que elas nunca se encontram; são como outras tantas exterioridades com as quais os fins são colocados em um espaço e um tempo dos quais nos separam mil biombos. Por isso, durante a revolta, o primeiro reflexo é destruir o maior número possível desses meios — não sabemos o quão simbólico isso seja. E faz-se dessa forma para sentir-se individual e coletivamente, finalmente, *aqui e agora*; faz-se assim para diminuir o espaço que nos separa de nós mesmos e aumentar a distância do que percebemos como hostil. É essa a busca da imanência a si e com os outros que nos leva, naturalmente, a pensar que as experiências da revolução e as do amor sejam tão semelhantes, tão comunicantes entre si.

Pensando bem, parece que a vontade de apagar a experiência do comunismo, nas décadas passadas, caminhou de mãos dadas com o desejo de apagar a experiência do amor. Como o comunismo foi substituído por uma infinita e inconclusa contratação sobre direitos, assim também o amor se tornou um fato contratual, um compromisso sobre o qual se negocia, como se faz com qualquer outro aspecto da existência. O amor não conhece mais nem a experiência do fim: ele é descartado, talvez com um *sms*, e, se valer a pena, enfiamos em um currículo.

Um dos motivos dessa analogia poderia ser o fato de que o comunismo e o amor têm uma relação específica com o tempo: lutam contra o presente, contra a realidade dominante; sua possibilidade de devir é sempre em relação com uma impossibilidade no presente. Ambos compartilham o desejo de suspender a História, ambos instauram um estado de exceção, ambos querem disparar os relógios, para ambos cada instante é o decisivo. O comunismo e o amor são acomunados, enfim, pelo desejo de compartilhar da maior intensidade de cada um. Portanto, à medida que não se sabe mais o que seja uma revolução, não se sabe, também, o que é um amor. E vice-versa: quanto mais conhecemos um tanto mais teremos capacidade de conhecer a outra.

Que o Eu ame o Outro, que se possa fazer a experiência do amor, isso não revela nada mais que a insuficiência do Eu para conduzir qualquer experiência e, em contrapartida, a felicidade da pura experiência do compartilhamento; por isso, essa experiência afetiva destitui *ao mesmo tempo* Eu e o Outro, os quais se revelam nomes totalmente inadequados. O amor, poderíamos dizer com Gilbert Simondon, é extremamente *desindividuante*, pois não só "a problemática afetiva é [...] a experiência na qual um ser prova que não é só um indivíduo", mas é aquela experiência que "suspende a modalidade funcional da relação com os outros e na qual um outro sujeito, destituído da sua função social, aparece na sua mais que individualidade".[172]
Eu destituo o Outro da mesma forma que o Outro me destitui e, nesse "movimento imóvel", faz-se uma experiência comum

---

172 Muriel COMBES, *Simondon. Individui et collectivité* (Paris, PUF, 1999), pp. 55 e 67.

do mundo. Frequentemente, descobre-se isso *depois*, quando, sofrendo o final repentino de um amor, sabemos que a dor vem da ruptura desse ser-com que implica uma multidão de outras criaturas, objetos, narrações, sons e imagens que compunham aquele mundo real que um amor constitui — um amor vive, de fato, dentro de uma constelação "transindividual", por isso tem sim uma vocação antissocial, mas não antipolítica — e, certamente, não por causa de uma ofensa ao Eu, que, pelo contrário, aparece precisamente nessa ocasião não só como uma ficção, mas também como o que dificulta o desligar-se daquele mundo. Intuímos isso sensivelmente, quando reconhecemos na experiência amorosa a labilidade de suas fronteiras, delimitadas por uma epiderme que, todavia, morre e se regenera todo dia e toda noite. E é uma alegre descoberta. O amor aparece no lugar em que o Eu desaparece, e desaparece quando este se torna novamente visível. No amor, permanece-se dois, mas ao fazer um uso singular de si para realizar esse afeto, não se é mais o *mesmo*. No desamor, o *mesmo* volta a ocupar o seu antigo lugar. O amor pode ser uma potência destituinte porque está entre as raras experiências por meio das quais acedemos naturalmente a um uso diverso e livre de si e da própria vida, algo que se pode abandonar ou não. Mas não é uma escolha, é uma decisão.

Gershom Scholem, falando de Benjamin em seu livro sobre a história da amizade deles, zombou dele, não conseguia compreender algo que seu amigo repetia frequentemente e com obstinação, incompreensão que faz par com aquela profunda do cabalista em relação ao comunismo benjaminiano: "não existe amor infeliz", repetia Benjamin.[173] Scholem acreditava que essa convicção estava em contradição com a conturbada vida amorosa de seu amigo, uma tese francamente não só pouco convincente, pela pobreza argumentativa, mas especialmente por mostrar uma incompreensão fundamental do que Benjamin entendia por felicidade.

Pode-se dizer, ao contrário, que existem indivíduos infelizes, pois, mesmo com todo o esforço de que somos capazes, não conseguimos evitar o retorno do indivíduo liberal — seja em mim,

---

173 Gershom SCHOLEM, *Walter Benjamin. Storia di un'amicizia* (Milão, Adelphi, 1992), p. 96; ed. bras.: *História de uma amizade* (São Paulo, Perspectiva, 2008).

seja no outro —, ou, ainda, porque fomos incapazes de aceder à experiência amorosa porque não conseguimos depor o Eu. Ou porque o indivíduo se perde na injunção, pensando a felicidade como algo que se possua mais ou menos como qualquer outro objeto, condenando-o ao fracasso desde o início, ou por imaginá-la como algo que se cumpra ou termine no futuro, como é banalmente sintetizado hoje quando alguém diz: "tenho uma história". O amor, como os outros *oásis*, pode parecer um refúgio para o indivíduo, mas facilmente se confunde com o deserto se se torna individualismo, se se contenta em ser o compartilhamento de um narcisismo ao quadrado.

Todavia, quando, contra toda racionalidade, ele se materializa, precisamente porque se expõe ao mundo como uma forma de felicidade comum e por isso inapropriável, o amor é capaz de atravessar até os fracassos mais desastrosos sem perder um fragmento de sua potência, que é tão destrutiva quanto criativa. Pobre e potente, presente até na ausência, como a revolução. Pode entrar na vida a qualquer momento, como o Messias. O amor permanece uma experiência feliz até mesmo no abandono e nas mais invencíveis dificuldades, capaz de destruir todo tipo de obstáculo que encontre pela frente, fazendo uso de uma violência primitiva. Quem quer que tenha amado na vida, sabe bem. O amor é continuamente atravessado por linhas de intensidade extremas, por isso é um afeto eminentemente político. Afirmar que não existe amor infeliz significa tomar posição contra um dos mitos mais fortes e duradouros da civilização ocidental que, não por acaso, é o do amor infeliz, portanto da *culpa* e do *destino* de sofrimento ao qual a humanidade é condenada.

Em um dia de 1983, durante uma aula de seu curso sobre cinema, Gilles Deleuze falava de Nietzsche e da sua concepção de amor, de verdade e da potência de perceber. Em um determinando momento, ocorreu-lhe dizer que até em um amor infortunado pode haver alegria, se esta experiência foi capaz de nos fazer perceber algo a que antes não tínhamos acesso. O amor é uma das possibilidades, a mais potente, de aumentar a potência de existir, exatamente porque nos torna capazes de perceber dimensões da existência que não éramos capazes e, portanto, de destituir as superstições às quais estávamos submetidos, como aquelas representadas pelo destino e pela dívida inextinguível. Por outro lado, a incapacidade de perseverar em um amor nos expõe à diminuição daquela potência.

Deleuze teve muito cuidado ao precisar que nem ele nem Nietzsche são partidários do liberalismo existencial ou do que hoje chamamos "poliamor": não nos estão dizendo para fazer uma coleção mais ampla possível de relações amorosas, mas dizem que "quanto mais se ama alguém, mais aumenta sua potência de existir e mais se torna capaz de perceber coisas, se necessário, até mesmo de natureza diferente", ou seja, perceber as coisas, inclusive as mesmas coisas de antes, de modo diverso.[174] Trata-se sempre de um leve deslocamento de eixo, desta vez, o eixo de uma vida, o seu devir real. A definição de potência é exatamente esta para Deleuze: não consiste na relação em si, mas no afeto somado à percepção. É pelo amor que nos tornamos conscientes do que significa passar de um estado de vida a outro, de uma intensidade a outra mais potente e, por isso, até em um amor desafortunado, derrotado, falido, testemunhar este aumento da potência continua sendo uma experiência de felicidade. E uma vez que perceber por meio de um afeto significa ter uma perspectiva sobre tempo e no tempo, Benjamin argumentará que a felicidade não tem nenhuma necessidade ou inveja do futuro, é totalmente impregnada da época em que vivemos: "Nós só podemos imaginar a felicidade no ar que respiramos, entre as pessoas que viveram conosco. Em outras palavras, na ideia de felicidade — é isso que nos ensina aquele fato singular — vibra conjuntamente a ideia de redenção. Esta felicidade se funda justamente no desconsolo e no abandono que eram nossos".[175] Essa é a única educação sentimental adequada aos devires revolucionários, ou seja, aquela em que, historicamente, o amor poder ser derrotado, certamente, mas que, precisamente por causa de nossa impotência diante dele, permanece irredutivelmente uma experiência de

---

174 Ver aula realizada no dia 13 de dezembro de 1983, parte 3, disponível em francês em: https://www.webdeleuze.com/textes/214.

175 Walter BENJAMIN, *Sul concetto di storia*, op. cit., p. 128.
N. da E.: A edição brasileira em que a passagem citada ocorre não é a mesma da edição italiana usada pelo autor, segue: *Passagens*. Tradução de Irene Aron e Cleonice Paes Barreto Mourão (Belo Horizonte, Editora da UFMG; São Paulo, Imprensa Oficial, 2006) p.521.

felicidade, se formos capazes de resgatá-la na memória. Que o ser que se ama *exista*, que se deseje que seja *agora* e que se tenha, enfim, a potência de *rememorá-lo*[176] é o fato melancolicamente alegre que modifica a nossa percepção do mundo, mesmo que aquele ser esteja longe ou perdido para sempre. Sua realização não é assunto da História. Por isso, Eloisa, respondendo ao seu amado, Abelardo, já distante, perdido, dirá sempre que prefere *recordar* e, assim, continuar a amá-lo contra toda injunção de sua filosofia ou de sua moral social: o amor contra a História. E tudo isso vale para os amantes e vale para uma comuna, um povo que vem, uma classe revolucionária, pois se é verdade que "eu não sou um eu, mas somos um nós",[177] no meio, entre o *eu* que depõe o Eu e o *nós* que sou, há o si que faz experiência do mundo *com* o outro. Somente quem experimentou o amor pode ter imediatamente acesso ao comunismo. E, logicamente, quanto mais soubermos amar alguém, maior a possibilidade de seu advento.

A felicidade capitalista é, ao contrário, toda projetada no futuro; o que nos é concedido no presente é viver coletivamente sua abstração, reificada na mercadoria que nós mesmos nos tornamos: amantes medidos, valorizados, endividados. Todos sabem que, neste mundo, os amores se trocam como coisas e podem ser consumidos indefinidamente. É uma forma de felicidade que não nos faz aceder a nenhuma experiência de verdade, que ao invés de aumentar percepção, a diminui sensivelmente: um estado de ser que pode viver somente da ausência do passado, do sentido, da verdade e, portanto, da redenção. Existe amor capitalista? Não é fácil responder. O que é certo é que existe uma versão liberalista do amor, que afeta todos os lugares e todas as existências, como faz com cada fluxo do capital, e que se define por sua prática desprovida de sensibilidade, oportunista e calculista, sem língua própria, e na qual o corpo é tipicamente valor de troca, moeda da carne, onde o bem do Eu funciona como legislador absoluto — o *meu* bem-estar acima e além de tudo — e distribuidor econômico de infelicidade, a qual,

---

176 "Toda força de vida interiorizada deriva da recordação. Só a recordação dá alma ao amor". Walter BENJAMIN, "Le affinità elettive", em *Angelus Novus*, op. cit., p. 218.

177 Jacob TAUBES, J., *La teologia politicapolitica di San Paolo*, op. cit., p. 108.

fatalmente, mais cedo ou mais tarde, retorna para o lugar de onde saiu, condenando aquele Eu a uma existência privada de verdade, e, portanto, privada de amor e extremamente infeliz.

Obviamente, como nos ensinou Foucault, não é o sexo, a "sexualidade", que pode nos dizer algo como "a verdade sobre si e sobre o amor": o que salva é aquela intensidade que, por meio do afeto, somos capazes de suportar em todos os níveis da vida, aquela capacidade de perceber que um dia aprendemos pelo olhar do outro e até mesmo aquela infinita capacidade de viver a felicidade em fragmentos, além do presente, além do abandono, além da dor da existência. Talvez seu segredo esteja no que Benjamin chamou, no ensaio sobre *Afinidades eletivas*, de "inexpresso": uma "captura" das aparências que permite a emergência do verdadeiro. No que resta de não vivido de um amor — e isso vale também, ou sobretudo, para um amor que dure uma vida toda — reside talvez sua verdade mais profunda.

"*Você é a revolução*", disse, um dia, o amante a sua amada. Não era, pensando bem, uma afirmação, e sim uma questão. A resposta, se houver uma, como sempre está na própria vida.

INTERRUPÇÃO II
para salvar a tradição é preciso interrompê-la

A vontade deve se estilhaçar em mil pedaços.
— Walter Benjamin, *Sulla morale*[178]

Há ainda um outro problema para os devires revolucionários, também envolvido em uma espécie de bifurcação: *continuar* a perpetuar uma antiga tradição, presumida como algo que ainda deva servir para orientar a ação, ou *interrompê-la*, o que não significa ignorá-la ou negá-la, ao contrário, quer dizer criar um espaço adequado para pensá-la, realizar alguns de seus traços e deixar perder definitivamente outros.

Se a destituição é aquela operação que tira do poder vigente qualquer fundamento — jurídico, ético ou existencial —, esta nunca é retomável em um gesto único, em uma única enunciação e nem mesmo em um único evento. A destituição é, assim, uma *atmosfera* na qual acontecem esses gestos, essas palavras

---

178 N. da E.: A frase pertence ao fragmento 34 publicado nas obras completas em alemão [*Gesammelte Schriften VI* (Frankfurt am Main, Suhrkamp, 1985)] e que foi traduzido para o inglês em Walter BENJAMIN, "Every Unlimited Condition of Will", em *Selected Writings*, ed. Marcus W. Jennings (Cambridge e Londres, Harvard University Press, 1996), p. 114.

e esse tempo, é um ar que respiramos e que, atravessando-nos, permite-nos perceber as intensidades que nos levam a ultrapassar um determinado limiar, que é ético e político. Pois, a revolução, como também a justiça e o amor, não é uma instituição nem uma certa forma de moralidade, muito menos o final de uma virtuosa vivência histórica, é sim um "estado de mundo". Também aqui: mesmo podendo ser derrotada, *não existe revolução infeliz*. Ao contrário, é claro, existem muitos revolucionários infelizes.

Interromper a tradição revolucionária quer dizer que, para acessá-la e realizá-la, é preciso interromper tudo o que, no presente, ao invés de nos entregar à práxis de uma impossibilidade, mantém-nos dentro de um dispositivo paralisante. Sabemos o que acontece nesse caso: a tradição se transforma em conformismo. De um lado, coloca-se atravessada em relação ao que vem e, de outro, torna-se a prisão dos seus próprios "custódios".

Seria necessário, de todo modo, seguir o conselho brechtiano de Heiner Müller: enterrar profundamente a doutrina, para que os cachorros não a alcancem, e desenterrá-la só quando for aberto um caminho de saída do presente. Fazer espaço, esvaziar as derrotas, mantendo consigo apenas o que salva; desfazer, um por um, os obstáculos materiais e espirituais que se encontram diante ou dentro de nós mesmos. É a partir do choque entre tradição revolucionária e exigência atual de sua organização que é possível colocar-se em um devir revolucionário. Por isso, o que deve ser organizado não é o otimismo no futuro, que já está organizado pelo capital, mas o pessimismo do presente, de modo a inscrever sua base fragmentada no passado oprimido e na catástrofe do presente, contra a totalidade inconsistente da esperança niilista da religião do progresso. Mas isso não basta: é preciso transformar a qualidade do tempo, tanto do presente quanto do passado.

O século XX das grandes revoluções não deve ser ignorado, desprezado e jogado às chamas da Geena, mas tomado em sua incompletude, no que poderia ter feito e não fez, e no que fez e poderia não ter feito — como dizem os que entendem daquele século. A esse propósito, é preciso observar que o insulto que se tornou *leitmotiv* de uma certa esquerda pós-moderna, a qual, por exemplo, retomando quem fala *ainda* de comunismo, exclama "mas você é mesmo do século XX!", é de uma vulgaridade sem igual, até porque, na sua ignorância, não percebe nem mesmo que está perpetuando uma tradição morta-viva em todo o século XX, a dos extremistas do progresso, dos burocratas do novo, dos corifeus da tecnologia no lugar de comando, ou seja, a dos vencedores que ainda não deixaram de vencer. Se há alguém realmente interessado em nos fazer esquecer *aquele* século, aquele do assalto ao céu, ora, esse alguém é o capitalismo, com todo o séquito de *neo* ou *pós* alguma coisa que seu ventre verminoso gerou nos últimos trinta anos. Aqueles miseráveis prefixos — notava Mario Tronti há anos, no momento de seu maior sucesso — estão de fato ali para impedir de pensar *além*. *O que o capital busca desesperadamente obter há meio século é o algoritmo da destruição da esperança revolucionária.* E, é claro, não se pode dizer que esteja ainda no início dessa busca.

Mas falar do século XX é convocar as assinaturas que carregam os nomes de Franz Kafka e do 1977 da Autonomia, da Bauhaus e Tristan Tzara, da Comuna de Xangai e os Weatherman Underground, Malcolm X e Carla Lonzi, a República dos Conselhos e o Outubro Vermelho, Bonaventura Durruti e Radio Alice, Alexandra Kollontai e os Vietcongues, Vladimir Maiakovski e Stanley Kubrik, Jimi Hendrix e Paul Klee, só para citar alguns. Quem estaria disposto a defender a "necessidade" de jogá-los no cesto do não-faremos-mais-nada?

Para não ficar emaranhado no conformismo e construir uma dialética histórica diferente, é necessário tomar a história, uma época — o século XX, neste caso —, uma vida, e romper com atenção qualquer continuidade presumida, suspender toda contemplação de acumulação historicista dos fatos. É em cada um dos fragmentos que vive a possibilidade revolucionária do hoje. Walter Benjamin: "O materialista tira a época do âmbito da *continuidade histórica* reificada, e assim a vida da época, e assim a obra da obra de uma vida. Mas o fruto dessa construção é que na obra a obra de uma vida se mantém e se transpõe; na obra de uma vida, a época, e na época, o curso da história".[179] Não é esse um dos significados da destituição? Esse retirar tudo que faz obstáculo à pura exposição de uma potência? Além disso, o gesto de "retirar" leva a colher a experiência singular

---

179 Walter BENJAMIN, "Eduard Fuchs, il collezionista e lo storico", em *L'opera d'arte nell'epoca della sua riproducibilità tecnica* (Turim, Einaudi, 1991), p. 83.

do que aquela obra, aquela vida, aquela época, uma vez arrancadas do *continuum*, na sua *unicidade e originalidade*, permitem viver com intensidade no presente, uma intensidade que faz explodir a linha contínua e vazia da História. A intensidade vem da percepção da "trama de um passado na urdidura do presente", mas, continua Benjamin, esse objeto do passado não tem nenhuma analogia com a atualidade, pois não existe como fato objetivo antes da operação do materialista, mas "se constitui precisamente no dever dialético que a atualidade é chamada a absolver".[180] Ainda uma vez, destruição e criação estão presentes *agora* no mesmo gesto.

Mario Tronti, em seu último livro, voltou-se sobre a questão da tradição revolucionária e da relação que, a todo momento, pode ser instaurada com ela; sua definição, de certo modo completa, sintetiza a exploração já realizada por Benjamin: "A tradição não é o passado, mas é o que resta do passado nas nossas mãos, como irredutível ao presente".[181] Não é o passado, não é o presente, obviamente não pode ser o futuro; a tradição é um tempo absurdo, parafraseando Furio Jesi. E, a propósito de Tronti e da tradição, talvez tenha chegado o momento de dizer que o que resta nas nossas mãos de *Operários e capital* não está na exaltação um tanto patética da lição operaísta dos anos 1960, mas na sua fragmentação, que se segue a uma outra, muito mais recente: sua série de escritos que começa em 1992, com a publicação de *Con le spalle al futuro* [Com as costas para o futuro], continua depois com *La politica al tramonto* [A política do crepúsculo] e conclui-se com o recente *Dello spirito libero* [Do espírito livre]. A seu modo, o que estes escritos contêm é um exercício, uma prática, da definição de tradição acima transcrita. Por isso, o livro trontiano que nos fala *aqui e agora* e que torna legível o escrito de cinquenta anos atrás — arrancando-o da continuidade e do conformismo — é exatamente esse conjunto de fragmentos que buscam não só compreender a conjuntura em que estamos e aprender com os erros e as derrotas passadas, mas também tentar pensar, após a revolta falida dos anos sessenta e setenta, após a catástrofe do socialismo,

---

180 Ibid., p. 93.
181 Mario TRONTI, *Dello spirito libero*, op. cit., p. 23.

após trinta anos de contrarrevolução, o que poderia hoje ser uma liberdade comunista. Pode-se discordar, e discordamos, de sua tática da dupla verdade e da consequente dupla existência, com seu consentir exteriormente à mentira, mas, se não estivermos de má-fé, é difícil não notar em seus escritos a verdade de uma vida contida no pensamento *além* do presente. E a verdade torna os homens livres quando é revolucionária. Novamente com Kafka: até mesmo a mentira serve à verdade. O comunismo é onipotente porque é verdadeiro. Fecha parêntesis.

Pensar a tradição e a experiência nesses termos nos leva ao nosso início, ou seja, ao fato de que a potência destituinte é, sobretudo, uma potência que modifica materialmente a percepção do tempo, destituindo a funcionalidade social a que se destina na atualidade capitalista, ou seja, aquela em que a continuidade da História está amarrada a um futuro encapsulado na conjuntura de um presente perenizado.

Por isso, para tentar determinar o que se deve compreender por destituição e, portanto, por práxis revolucionária, precisamos antes saber como ela se diferencia da práxis majoritária, ou melhor, constituinte. Para que o agir do "verdadeiro político" seja destituinte, deve mais uma vez se libertar de qualquer escória progressista e da consequente ideia de que somente na marcha incessante para o futuro há salvação. Esta ação destituinte parte, em vez disso, de uma máxima que arruína o senso comum pequeno-burguês: a fecundidade de uma ação nunca é definida pelo que se produz no futuro. Talvez seja este o ponto de distinção decisivo em relação ao poder constituinte, o qual, de fato, é concebido futurologicamente até em suas ramificações mais "extremistas". Negri escreve, por exemplo, que no "conceito de poder constituinte há, portanto, a ideia de que o passado não explique mais o porvir, mas que só o futuro pode fazê-lo".[182] O tempo aqui fica prisioneiro dessa tautologia do futuro que explica o porvir, ou seja, ele mesmo. Ao contrário, o tempo pode ser subvertido quando se diz, por exemplo, que é o que vem *agora* que torna possível aquele determinado passado, ou seja, *novamente* possível. É por isso que, em cada

---

182 Antonio NEGRI, *Il potere constituente*, op. cit., p. 83.

nova revolução, parece sempre viver uma revolução do passado, como se houvesse uma espécie de comunicação infratemporal entre uma e outra: a revolução *hoje* permite não tanto, ou não só, compreender a de *ontem*, mas, ao libertá-la da camisa de força da História, permite experienciá-la como ação atual, levando-a à sua própria, transiente, realização. É somente o fazer-se desse objeto histórico único que é a revolução, a sua *inexequível execução*, a práxis da sua impossibilidade, que lhe permite ser fecundo. Igualmente, o horror de ontem, aquele bem impresso na memória dos vencidos, pode, dessa maneira, ser definitivamente aniquilado e esquecido. Mas, para fazê-lo, é preciso ter a coragem de desenterrar os mortos e permitir-lhes ser, junto dos vivos, protagonistas desse esquecimento. Também isto é tarefa do anjo da história: "Eu sou a faca com com que o morto abre a sua urna".[183]

Walter Benjamin argumenta escandalosamente que, enquanto o "dar frutos" na posteridade é uma prerrogativa da má ação, a boa, ou seja, a *verdadeira* ação — que assim se torna um tipo de não ação — quer que a fecundidade esteja dentro de si, uma potencialidade que não pode ser separada em uma dimensão exterior. Isso quer dizer que não podemos pretender que a bondade de uma ação seja decidida por seus frutos futuros, pelo porvir ou pelo Paraíso, frutos que assim se tornam separáveis da própria ação, tanto temporalmente quanto no sentido moral — daqui vem, realmente, a má teleologia dos fins que justificam os meios, bem como a ação violenta que deve educar as massas —, mas ela deve, em si mesma, no seu imediato explicar-se, ser boa, ou seja, justa. Se a tarefa ético-política que nos foi entregue pela leitura das *Tesi di filosofia della storia* [Teses de filosofia da história] é a de viver cada instante como aquele pelo qual pode entrar o Messias, é porque, naquele instante, pode ser julgada singularmente cada obra, cada época, cada pensamento e cada vida passada, e esse juízo põe fim à continuidade da História em que aqueles fragmentos foram inseridos pelos vencedores. Ao contrário, dar ao futuro o poder de julgar

---

183 Heiner MULLER, *Non scriverai più a mano*, op. cit., p. 83; ed. bras.: *Teatro de Heiner Müller*, op. cit., p. 38.

significa adiar infinitamente a justiça, legitimando seus ministros de hoje e entregando as obras, as épocas, os pensamentos e as vidas a um tipo de relativismo ético embebido no niilismo corrente. De outro modo, nos momentos decisivos, é impossível atribuir qualquer garantia de legitimidade, mas é certo que é preciso assumir sua responsabilidade histórica. Aqueles que medem a validade da ação pelo que se seguirá a ela querem somente que a ação seja hoje reconduzida a eles, de modo a poderem se ressubjetivar continuamente no exterior, criando o próprio poder político em substituir "legitimamente" os que os precederam. Já aqueles que se colocam em uma dimensão destituinte, não confiando em qualquer acontecimento futuro, evitando configurar seus gestos como algo que se possa subdividir entre um sujeito e um objeto, uma causa e um efeito, um antes e um depois, um ativo e um passivo ou um constituinte e um constituído. Desse modo, impedem que o sentido da ação seja decidido por qualquer dimensão exterior, sobretudo porque se torna impossível fazer derivar linearmente aquele agir-não-agir de um seu pretenso sujeito que se realizaria no futuro e separá-lo da modificação imediata do mundo e de si mesmo. A práxis destituinte resolve em si mesma sujeito e objeto, construção e destruição, resiste à separação em causa e efeito e vive na sua imediata capacidade de transformação. Romper com a exterioridade hostil é, portanto, assumir o cânone estoico para o qual é possível "confirmar a independência de que se é capaz a respeito de tudo aquilo que não é indispensável e essencial",[184] ou seja, assegurar a autonomia. Nada do *nós* é deixado para o Governo, tudo é para construir o "nosso partido".

Um dos grandes pontos cegos dos revolucionários sempre foi a presunção de que a organização revolucionária fosse o momento de mediação entre a teoria e a práxis, então consideradas como funções separadas, como se houvesse um vazio a preencher entre as duas. Dessa forma, os "outros" se tornariam dependentes das ações promovidas pela Organização, e a própria Organização, dependente dos critérios de eficácia totalmente exteriores à vida tal como ela é. Mas, como tanto na natureza

---

184 Michel FOUCAULT, *La cura di sé. Storia della sessualità* 3 (Milão, Feltrineli, 1999), p. 67; ed. bras.: *História da sexualidade 3: O cuidado de si*, trad. Maria Thereza da C. Albuquerque, 8. ed. (Rio de Janeiro, Graal, 1985), p. 64.

quanto na política nunca existe um vazio, é exatamente aquele espaço de mediação aparentemente vazio que será ocupado exteriormente pelo "novo", ou seja, o novo domínio, a nova governamentalidade. Nesse sentido, a potência destituinte se libera do conceito clássico de ação política como organização e regulamentação externa das formas de vida. É assim que é possível sabotar o funcionamento do dispositivo de reificação que o Ocidente concebe tanto em relação ao uso das coisas e dos corpos (e que se torna, ao exteriorizar-se, trabalho) quanto em relação ao uso do político (que se torna, então, Governo).

Jesus curava na imediatez de um gesto e na carne daqueles que encontrou e que acreditavam nele. Eles não ouviam "será curado, sim, mas no futuro". Os evangelhos mostram bem o quanto havia de transformação nos gestos messiânicos, tanto de Jesus quanto dos homens e mulheres que ele encontrou: todos aumentavam sua potência singular que, ao mesmo tempo, tornava-se sempre mais comum, sem sujeito. A experiência revolucionária não é diversa, no sentido de que é nula se não consente, ao mesmo tempo, uma modificação da situação histórica e do não-sujeito da experiência que, ao experimentar uma verdade, *encontrando-a*, força a porta do presente e entra em um devir revolucionário. Ao final, talvez, só uma revolução destituinte poderá restituir ao mundo um "sujeito", mas será um sujeito que não servirá mais a nenhuma soberania.

A pesquisa que Giorgio Agamben recentemente "abandonou", com o último volume da série *Homo sacer*, concentra-se no *uso* como categoria que substitui, na política, a de ação e de produção. O uso, nessa perspectiva, permite conceber o processo pelo qual o sujeito não preexiste, mas se dá pelo contato com a experiência de cumprir um determinado gesto, obra ou vida. É assim que devemos compreender que não existe um sujeito da insurreição antes que seu processo tenha lugar, não existe um povo da revolução antes que ela se revele no mundo. Como faz notar Eric Hazan, em seu último livro: "é da ação comum que emerge a verdadeira política, e não o contrário".[185]

---

185   Eric HAZAN, *La dynamique de la révolte* (Paris, La Fabrique, 2015), p. 28; ed. bras.: *A dinâmica da revolta. Sobre insurreições passadas e outras por vir*, trad. Lucas Parente (São Paulo, GLAC, 2021), p. 25.

Ou ainda Rosa Luxemburgo: "não é só a organização que fornece as tropas combatentes, mas também é a batalha que fornece, numa escala maior, recrutas para a organização".[186]

Assim como o insurrecionalismo como ideologia só existe quando não há nenhuma insurreição, o populismo existe somente quando o povo está ausente. De fato, o populismo organizado — que hoje tem tantos acrônimos na Europa, à direita ou à esquerda — só emergiu quando aquele povo que tinha começado a se criar durante as revoltas foi novamente aniquilado, uma vez que as insurgências foram reprimidas ou arruinadas por suas próprias limitações. O pós-insurrecionalismo, ao contrário, parece apenas vegetar nos textos cheios de ressentimento, derivados da consciência de não estar à altura, ou, melhor, *à profundidade* da época, e por isso se refugia em um niilismo caricato que faz par com aquele do burguês-massa.

Além disso, no caso do uso do político na revolta, nunca há exterioridade do sujeito em relação ao objeto, pois o primeiro é dessubjetivado imediatamente depois de cruzar o limiar entre tempo normal e tempo da revolta: "O instante da revolta determina a fulminante autorrealização e objetivização de si enquanto parte de uma coletividade. A batalha entre bem e mal, entre sobrevivência e morte, entre vitória e fracasso, em que cada está diariamente comprometido, identifica-se com a batalha de toda a coletividade [...]".[187] Então, destituir é um verbo que indica uma intensidade do político que mostra, acima de tudo, a neutralização polêmica da separação clássica entre o sujeito de uma política e o objeto dessa política. Mas, como na tradição ocidental, o sujeito como preexistente, separado e constituinte ainda ocupa uma posição estratégica, pelo menos no nível das formações discursivas dominantes, é evidente que o processo destituinte não se pode realizar se não destronar essa superstição.

Em nossa época, vimos que, depois de todas as figuras decadentes que elencamos anteriormente, poderia parecer que o território está tomando o lugar do sujeito nos conflitos em

---

186 Rosa LUXEMBURG, *Sciopero di massa, partito, sindacato*, op. cit., p. 86; ed. bras.: "Greve de massas, partido e sindicatos", op. cit., p. 60.

187 Furio JESI, *Spartakus. Simbologia della rivolta* (Turim, Bollati Boringhieri, 2000), p. 24; ed. bras.: *Spartakus. Simbologia da revolta*, trad. Vinícius N. Honesko (São Paulo, n-1 edições), 2018, p. 22.

curso. Sem necessidade de enumerar novamente, todos sabem bem que as lutas mais significativas dos últimos anos não viram o emergir de um clássico sujeito no centro das contendas e como motor do próprio conflito, mas sim de lugares — territórios geográficos e existenciais —, que, como tais, confrontam a *governance* capitalista. A famosa manobra toma lugar e o território geográfico — a periferia, a montanha, a praça, o quarteirão — torna-se *o* sujeito, ou seja, submete-se a um tratamento "sujeitocêntrico". Entretanto, em um exame mais detalhado, como já dito, percebe-se que estes territórios são gerados dentro da luta, não preexistem como tais, ou, melhor, o que preexistia não tinha muito a ver com o que é gerado no desvendar do conflito. Além disso, estes territórios são habitados, mas não há nenhuma relação a priori entre as criaturas que ali estão, exceto o próprio fato de combater *dentro, por meio deles e com os territórios*. Estes últimos não são nem o sujeito nem o fim da luta, são o seu meio e o seu médio, e é assim que se consegue verdadeiramente habitá-los. As mesmas criaturas que povoam os territórios em secessão, na realidade, foram formadas modificando-se no conflito, foram geradas novamente no encontro com o território e com os outros seres e objetos que o habitam. No fim das contas, sempre foi assim.

Conforme a inclinação e as preferências, alguém poderá dizer que essas criaturas humanas são o sujeito da luta; outros, que é o próprio território que ocupa esse lugar que contém o sujeito ou está contido nele. Porém, talvez conviesse olhar de uma forma diferente para as coisas: não há sujeito e não há objeto, o que há, ao contrário, é um processo de subjetivização dos territórios, que é acompanhado sincronicamente por uma territorialização dos seres que o habitam e, todavia, tanto o território quanto as criaturas devem se dessubjetivar e se desterritorializar para aceder a essa nova dimensão da vida e da luta. Nenhum dos dois é sujeito do outro e ninguém é objeto do outro, juntos se separam em um devir revolucionário, na medida em que conseguem destituir aquelas categorias, ou ainda, enquanto tendem a afirmar sua *existência comum*, indivisível. Nunca são indivíduos os que habitam um território, e sim potências; não é uma população que pode habitar um lugar, mas formas de vida; não é um sujeito que desdobra a luta, mas uma força sem nome. Enfim, nunca se habita uma casa, um território ou uma terra como tal, mas um mundo que se transforma em uma casa, em um território ou em uma terra: "Os horizontes da habitação contêm toda revolta".[188]

Pode-se dizer, então, que o uso da potência destituinte é sem sujeito, anônima, impessoal, não porque evite assinar reivindicações ou porque seja própria de pequenos grupos pseudoconspiratórios, mas porque destitui o seu sujeito enquanto se realiza. *Só é verdadeiramente subversiva aquela subjetividade que depõe a si mesma enquanto destitui as obras do poder*. A justiça do gesto revolucionário não passa pelo autorreconhecimento do sujeito, mas pelo fato de ele se ignorar. O paradoxo da subjetivização revolucionária, portanto, é que ela só pode acontecer passando por um momento, inevitável, de dessubjetivação ou, mais explicitamente, de destituição do sujeito. Na verdade, se o sujeito real é sujeito de e para o poder, se a criatura é desprovida de conteúdo, se o território revolucionário se torna tal somente depois de ter saído da geografia dominante, o que está se formando no processo destituinte não é mais um sujeito e nem um território, e sim o que atualmente se chama forma de vida e mundo.

A tradição revolucionária vive *agora* por meio de sua deposição, entregando-se, assim, a um uso diverso. Fazer uma revolução é sempre esquecer a história dos "fatos" do passado, que é o domínio indiscutível dos vencedores, enquanto se rememora o Inacabado: o reino dos vencidos.

---

188 Emmanuele LEVINAS, *Parola e silenzio* (Milão, Bompiani, 2012), p. 228; ed. esp.: *Escritos inéditos 2 — palavra y silencio y otros escritos*, trad. Miguel García-Baró (Madri, Trotta, 2015).

INTERRUPÇÃO III
destituir tudo, até a revolução

É preciso algo totalmente diferente, ou alguma coisa mais que a revolução, para que, sobre as construções dos homens, sobreponha-se algo que permaneça e que, permanecendo, prossiga sempre além.

— Gustav Landauer, *La rivoluzione*[189]

Se, quando escrevemos "poder", geralmente não nos referimos a nenhuma substância ou ideia eterna, mas ao que temos diante, em torno e dentro de nós, ou seja, o poder do capital — pois é o que conhecemos, vivemos e combatemos —, não há dúvida de que a temática do poder, em sentido genérico, como verticalidade do comando, seja uma questão que afeta, inevitavelmente, também o campo revolucionário.

Caso seja difícil para alguém imaginar o que significa destituir-se como sujeito revolucionário, basta pensar no que aconteceu com a figura do comandante Marcos, pensando não tanto na sua famosa silhueta sem rosto que todos conheceram nos anos passados, mas na sua dissolução final como personagem, líder e ícone global da revolta contra o neoliberalismo — que, por um tempo, a insurreição zapatista quis que encarnasse como

---

[189] N. da T.: Gustav LANDAUER, *La Rivoluzione* (Parma, Diabasis, 2009).

se fosse um "fantoche" para enganar os meios de comunicação. Em seu comunicado de "adeus", escreveu: "Àqueles que amaram e odiaram o *SubMarcos*, agora sabem que têm odiado e amado um hologramas. Os seus amores e ódios foram, assim, inúteis, estéreis, vazios".[190] Ou seja, acreditaram que ele fosse a encarnação do sujeito revolucionário mundial, no entanto ele era apenas o seu uso, o uso de um significante vazio.

Chegado o momento, então, Marcos não precisou esperar ser odiado e desacreditado pelo povo, como acontece frequentemente com os líderes da esquerda. Com um gesto singular, abandonou-se em um processo autodestituinte e foi totalmente reabsorvido no corpo das comunidades zapatistas, não só daquelas presentes hoje, mas também daquelas de todos os companheiros e companheiras mortos, explicitando, dessa forma, o que significava, no tempo de sua origem, quando foi dito "Somos todos Marcos". Todos, os mortos e os vivos.

O gesto destituinte vai sempre em sentido contrário daquele constituinte: "Se a massa é assim decisiva também para o guia revolucionário, o seu maior contributo não consiste em deixar-se reabsorver nela, para continuar a ser, para a massa, um dos cem mil".[191]

No caso da ação constituinte, o que é presente ou inscrito no passado não conta nada, ao contrário, é sempre o futuro, o que não tem nenhuma existência, que decide sobre aquelas temporalidades. De fato, Benjamin acusará a social-democracia de ter levado o Movimento operário à derrota, exatamente na medida em que sempre perseguiu esse progressismo apocalíptico —uma temporalidade na qual o infinito se opõe tanto à eternidade quanto à potência do aqui e agora, para se expressar nos termos da escatologia. O messiânico, que seja dito de uma vez por todas, é um *terceiro tempo*, diferente do apocalíptico e do catecôntico, dos quais ele mesmo *faz uso*.

---

190 N. da E.: Comunicação verbal realizada por Rafael Sebastián Guillén Vicente (1957-), em maio de 2014, anunciando seu fim como subcomandante Marcos.

191 Walter BENJAMIN, "L'opera d'arte nell'epoca della riproducibilità tecnica", em *Aura e choc — Saggi sulla teoria dei media* (Turim, Einaudi, 2012), p. 36, nota 12; ed. bras. Walter BENJAMIN, "A obra de arte na época de sua reprodutibilidade técnica" em Estética e sociologia da arte (Belo Horizonte, Autêntica Editora, 2017).

Em seus apontamentos preparatórios para as teses de filosofia da história, Benjamin anota como uma ideia neokantiana, a de pensar o ideal como "tarefa infinita", a mesma virtude, na verdade, que para Kant é progressiva e substancialmente impossível de alcançar, e ele liga esse ideal à social-democracia, ou melhor, àquela que chama "a escolástica do partido social-democrata", que ainda hoje mantém em pé os seus institutos de formação. A ação do hoje não responde, na hipótese progressista e social-democrata, ao presente, e muito menos ao passado, mas apenas para uma posterioridade mítica. É esse adiamento no infinito futuro a sua eficácia, que requer inevitavelmente não interromper, hoje, a continuidade do poder; por isso, a democracia, o informe por excelência, é o seu condutor material perfeito. Mas, não só isso, é assim que se mantém em função da ideia catastrófica da dívida infinita, com o seu concatenamento de deveres que hoje mostra toda a sua infernal capacidade de governo. A esquerda, que ainda inventa diabruras para salvar o Estado e o Capital, quase que existe só para negociar infinitamente o *quantum* diário de catástrofe, encarnando um tipo de sindicalismo apocalíptico, por isso, se vê impossibilitada de acertar as contas com a deposição deste mundo, ou seja, com o comunismo. Deve-se rejeitar a *infinidade* do progresso e também o *dever* como medida da forma de vida revolucionária, pois toda tarefa é sempre uma finalidade externa, vem de fora e nunca de dentro. Por isso devemos aprender, de uma vez por todas, a pensar a social-democracia não apenas como uma doutrina e uma prática de governo reformista, mas também como uma filosofia da história, uma moral e uma metafísica: todos edifícios para destruir, junto com seus horríveis cálculos econômicos.

O feminismo autônomo italiano dos anos 1970 tinha compreendido muito bem o quanto o futuro poderia ser um aparato temível de captura, e Carla Lonzi expressou lucidamente qual poderia ser a forma de enfrentamento destituinte em relação aos seus adoradores: "O problema femino é, por si mesmo, meio e fim das mutações substanciais da humanidade. Ele não precisa do futuro. Não faz distinção entre proletariado, burguesia, tribo, clã, raça, idade, cultura. Não vem do alto nem de baixo, nem da elite nem da base. Não é dirigido nem organizado, nem difundido nem propagado. É uma palavra nova que um sujeito novo pronuncia e confia ao próprio instante sua difusão. Agir se torna simples e elementar. Não existe meta, existe o presente. Nós somos o passado obscuro do mundo, nós realizamos o presente".[192]

O gesto revolucionário objetiva destituir o poder contido no agir político, pois se o poder consiste na capacidade de dividir, de separar, de romper o que está unido e unir o que não está, colocando as duas dimensões em uma continuidade de causa e efeito sem fim, realmente infinita, adiando para um exterior tanto temporal quanto espacial a efetividade da sua pretensa justiça, a destituição abre a possibilidade imediata de uma recomposição na justiça — vingando o passado oprimido — e de uma secessão do que separa — continuando a lutar dentro do próprio espaço que libertou em seu gesto. O poder revolucionário existe, certamente, mas é um poder que destitui enquanto age sobre o poder inimigo, destinado a se desdensificar nas massas revolucionárias nesse mesmo processo. "Todo poder aos soviets", "Todo poder ao povo" ou "Todo poder às comunas" não significa outra coisa que não o destituir-se da revolução como instituto de poder.

O poder constituinte, ao contrário, terá sempre necessidade de um representante seu, de uma prótese externa para se concretizar, o binômio "Governo e Líder", em que a atual hiperpersonificação do segundo é só o índice da hiperabstração do primeiro — o que, na verdade, é a única fenomenologia deste que nos foi dada conhecer. O poder reside na exterioridade: não há nenhum coração para atacar. Não existe nem pode existir uma dinâmica virtuosa entre movimentos autônomos e Governo, como recentemente alguém argumentou, exatamente porque, diferente de se opor, a autonomia revolucionária e o Governo se colocam sobre dois planos totalmente heterogêneos, e a exterioridade à vida comum das formas governamentais não pode se encontrar com a intimidade das formas de vida autônomas se não em sentido destrutivo: é um clássico conflito entre formas, só que enquanto a do Governo é uma forma que reivindica a informalidade como modalidade própria de ação, as formas de

---

192 Carla LONZI, *Sputiamo su Hegel e altri scritti* (Milão, Scritti di Rivolta Femminile 1, 2, 3, 1974), pp. 60-61; ed. esp.: *Escupamos sobre Hegel y otros escritos* (Madri, Traficante de sueños, 2018), p. 55.

vida destituintes só podem existir por meio do perseverar contínuo na indissolubilidade autônoma da forma e da vida.

Essa destituição, vale ressaltar, é uma política de formas e não de informalidade, com a qual quereriam fazer crer que agem as plebes ou, se preferirem, os movimentos, quando na verdade é uma técnica para governá-los que emana dos *grupúsculos* de vários extratos e obediências ideológicas, além da polícia. Atualmente, a informalidade, o informe, é o sigilo de todas as operações do governo democrático, que pouco a pouco dissolveu todas as formas da modernidade para permitir aos seus fluxos circular sempre mais livremente. O governo das finanças, sobre o qual tanto se fala nestes anos, não é outra coisa que o quase-perfeito governo de um informe, que pode assumir — e não ser — qualquer forma: ele flutua em um software, uma casa noturna, um pelotão de polícia, uma linha ferroviária, uma lei de estabilidade ou um grande armazém. Por ser informe, a democracia realizada é um governo de polícia, como Benjamin já fazia notar: "Sua violência [da polícia] não tem figura, assim como não tem figura sua aparição espectral, jamais tangível, que permeia toda a vida dos Estados civilizados".[193]

O poder, efetivamente, não possui uma forma própria, é exercitado passando por pontos singulares, o poder escorre, não está preso a nada: é a liberdade dos modernos. E é também nesse sentido que Benjamin e Pasolini falaram da ordem burguesa ou da anarquia do poder. O Governo, para funcionar, tem *necessidade* da liberdade absoluta das formas e de seus elos. A coisa mais interessante para nós é, entretanto, que o poder se exercita sobre uma matéria que não tem forma ainda, ou seja, não se direciona aos objetos ou aos indivíduos, mas às suas possibilidades, às suas potencialidades. Dizia Foucault que a típica ação do poder é, de fato, a de incitar, suscitar. Por exemplo, não é o poder como tal que ensina, cuida ou administra a justiça; antes, ele age sobre a potência de ensinar, cuidar e julgar, e só depois dessa ação que teremos indivíduos que têm o poder de ensinar, cuidar e julgar. Portanto, é nesse meio-tempo criado entre poder e potência que a destituição põe a sua própria práxis revolucionária.

---

193 Walter BENJAMIN, *Per la critica della violenza*, cit., p. 16; ed. bras.: "Para uma crítica da violência" em *Escritos sobre mito e linguagem, 1915-1921* (São Paulo, Ed. 34, 2011), p. 136.

O Estado moderno era uma forma de representação do poder que, de fato, produzia formas — as instituições que serviam para fixar e estabilizar os saberes — e funções de comando orientadas a um fim. Diferentemente, o Governo não se identifica mais nem com o Estado nem com qualquer instituição específica, pode-se dizer, no limite, que ele os precedeu e os seguiu, enquanto hoje ele é o *management* do informal que, significativamente, é chamado de *governance* e *flexibilidade*. Assim, estas últimas se tornaram uma "gestão da crise" (versão política) e a outra, "precarização" (versão econômica). O poder do Governo continua a ser exercitado sobre a matéria informe, sobre a potencialidade, mas não tem mais como objetivo produzir formas recodificadas em identidades ou sujeitos, e sim manter a informalidade, a flexibilidade. Por isso, a mais verdadeira forma da democracia está na ausência de uma forma própria — e por isso a necessidade de adjetivá-la: democracia representativa, direta, conciliar, popular, socialista, autoritária...

O declínio do Estado moderno e de suas instituições pode ser compreendido, então, como a expulsão definitiva da forma do Governo como obstáculo à livre circulação do valor, dos valores econômico-existenciais. Nesse sentido, dizer que hoje o poder permanece nas infraestruturas, considerar a hegemonia da circulação sobre a produção, não quer dizer que isso produziu formas novas, mas, ao contrário, que ele foi liberado de tudo.

Só o comunismo continua como política das formas, ou, melhor, do confronto entre as formas. Insiste-se tanto sobre a crucialidade das formas de vida porque apenas elas podem se opor à estabilização informal das funções de governo. A forma, dizia um velho amigo, é um juízo que a vida dá sobre o mundo.

Nos últimos anos, a problematização do conceito político de "movimento social" deveria ser interpretada dentro dessa dialética entre a forma e o informe, para que se chegue ao verdadeiro sentido. Isso porque um movimento social é, tipicamente, uma matéria informe sobre a qual o poder, seja qual for, age com o fim de orientar, mutilar e sequestrar sua potência. A vitória está sempre, todas as vezes, na travessia do limiar que leva os movimentos a se transformarem em uma forma revolucionária.

Então é só aparente o paradoxo pelo qual só no século XX do totalitarismo e das ditaduras foi possível uma relação virtuosa entre movimento popular, partido e Estado. E o fato de ter sido possível não lhe confere nenhuma legitimidade, pelo contrário, deveria nos fazer pensar, ainda hoje, sobre o que é ou pode ser um movimento, e também sobre as ambiguidades profundas que entram em jogo toda vez que há alguém no governo que se diz ou se pensa representante ou expressão dos movimentos. As lideranças do Podemos, na Espanha, e de outros partidos populistas europeus podem, assim, continuar a afirmar não estar interessadas na velha dicotomia direita/esquerda — que subentende uma outra dissolução bem mais profunda, a das formas —, porém, em suas ações, emprega os vícios de uma e de outra. O populismo é exatamente a ação contínua despolitizante sobre uma massa informe que nunca se torna povo, muito menos classe revolucionária. E essa poderia ser uma boa definição de populismo contemporâneo *em geral*.

INTERRUPÇÃO IV
o cessar heroico: uma época para a revolução

...We can be us.
— David Bowie, "Heroes"

Para agir bem, considera Benjamin, é preciso saber responder à pergunta: como "entrar novamente no interior de um modo de comportamento"? Como podemos, então, pensar um gesto político que possa ser compartilhado, tornado comum, equitativo, habitual, poroso, útil, sem nunca remeter a algo externo?[194]

Diante dessa exigência, facilmente se compreende que o conceito de ação política dominante no Ocidente quase sempre foi o constituinte, até mesmo quando suportava um movimento revolucionário, e que repensar o conceito de revolução requer retomar o conceito de ação política, e vice-versa. Também é verdade que encontramos linhas destituintes em todas as paixões revolucionárias: em Lenin e em Bakunin, em São Paulo e em Ulrike Meinhof, em Rimbaud e Mao Zedong, não é difícil descobrir a sombra secreta da potência destituinte, o problema é compreender onde e por que foi bloqueada, e como funciona.

---

[194] Walter BENJAMIN, *Opere complete. Frammenti e paralipomena.* Vol. 8 (Turim, Einaudi, 2014), p. 202.

À luz de suas reflexões sobre o teatro de Brecht, Benjamin buscou compreender como seria possível insinuar a potência destituinte na ação política, transformada também em *gestus*, por meio de um conceito que remete imediatamente a uma prática que temos citado algumas vezes, ou seja, a da *interrupção*. Na verdade, o teatro brechtiano permitiu a Benjamin esclarecer politicamente algo sobre o qual ele já tinha começado a refletir, discutindo sobre o estilo de pensamento e, portanto, de escrita, ao menos desde o final de seu trabalho sobre o drama barroco alemão: "Sua renúncia à intenção, em seu movimento contínuo: nisso consiste a natureza básica do tratado. Incansável, o pensamento começa sempre de novo [...] na escrita é preciso, com cada sentença, parar e recomeçar. [...] Ela [a representação] só está segura de si mesma quando o força [o leitor] a deter-se, periodicamente, para consagrar-se à reflexão. Quanto maior o objeto, mais distanciada deve ser a reflexão. [...] O conceito do estilo filosófico é isento de paradoxos. Ele tem seus postulados, que são: a arte da interrupção, em contraste com a cadeia das deduções [...]".[195] É essa base teórica que o leva a concentrar a atenção sobre a interrupção da política por excelência, o *estado de exceção*, e sobre uma forma da interrupção que envolve algo ainda mais vasto, podemos dizer cósmico, como o conceito de *catástrofe*.[196]

A épica brechtiana não é ativa, é narrativa, prefere a literalização à ação, prefere as decisões aos sentimentos, neutraliza a sugestão para fazer emergir a consciência, opta por curvas e saltos, e não pela linearidade, fragmenta a continuidade para trazer à tona a separação dos elementos, não serve para ilustrar, mas para tomar partido; seu herói não é perfeito, é sujo por dentro e por fora, as interrupções permitem que os espectadores se emancipem da representação do mundo dominante por meio do autodistanciamento da própria cena representada.

A questão dos devires revolucionários, de contribuir para fazer vir à tona as possibilidades de salvação, sempre foi confrontada por Benjamin como produção de uma descontinuidade,

---

195 Walter BENJAMIN, *Il drama barocco tedesco* (Turim, Einaudi, 1999), p. 4,5 e 8, grifo de M. T.; ed. bras.: *A origem do drama barroco alemão*, trad. Sergio Paulo Rouanet (São Paulo, Brasiliense, 1984), pp. 50, 51 e 54.

196 Ibid., p. 40.

uma suspensão, enfim, um *outro* estado de exceção, do qual pode emergir uma outra maneira de ver uma situação, de sentir um ritmo e de comunicar a palavra: ou seja, de viver. Essa nova maneira só pode comparecer resultando de uma constelação que liga o presente a um passado que, à sua volta, foi interrompido na sua própria transmissibilidade. Cada instante contém em si a possibilidade de decidir, de fazer justiça, sobre um determinado acontecimento do passado que salta para fora da continuidade histórica — defende Benjamin —, mas nunca do futuro, que só pode ser apreendido na forma *do que vem* a partir do que já é, de um presente potencial. O cintilar da possibilidade, assim, pode-se fazer amplo no momento em que se toma uma decisão no e sobre o presente, a partir das suas impossibilidades, ou melhor, interrompendo-o e despertando em um espaço-tempo que não nos é exterior e no qual se expressa nossa capacidade de sermos livres, como se fosse uma versão revolucionária do estoicismo, para o qual, escreve Pierre Hadot, "Tomar consciência do presente significa tomar consciência da nossa liberdade".[197]

O *presente* tem dois rostos, de um lado é catástrofe da História, do outro indica um tipo de antecipação — só se é diante de algo — que faz com que a coisa seja aqui, mas se junte a um tempo que vem ao nosso encontro: o *que vem* — a "filosofia", a "comunidade", a "insurreição" ou o "mundo" *que vem* — só pode ser entendido a partir desse instante que torna real o que já está acontecendo desde sempre e que, quando se torna presente, explode a catástrofe do presente, fazendo voar seus estilhaços em todas as direções. A doutrina do *que vem* já era parte da Cabala medieval; de fato, restituindo a qualidade messiânica à linguagem, conta Scholem que um dos primeiros cabalistas provençais, Isacco o Cego, interpretava a palavra hebraica *ot* (letra, sinal, assinatura), no plural *otot* (sinais divinos, prodígios) e a forma *otiyyot* (sinais alfabéticos, gráficos) como derivações do verbo *atah* (vir), no sentido de que as letras que formam o alfabeto e que potencialmente podem dar forma às coisas, aos seres, aos mundos, são os sinais que remetem às causas ocultas das quais derivam, portanto, o plural de *otiyyot* era traduzido como

---

197 Pierre HADOT, *La citadelle intérieure. Introduction aux Pensée de Marc Aurèle* (Paris, Fayard, 1992), p. 149.

o que vem.¹⁹⁸ Paralelamente à interrupção, ou, melhor, dentro dela, há então uma forma de *repetição e de antecipação* na linguagem que habitamos, o que torna possível "redimir o passado", levando-o ao seu cumprimento no que vem. "Reentrar em um modo de comportamento" significará, antes de tudo, a *citabilidade* de um gesto, de uma palavra, de uma obra, de uma vida, de uma época. Citar o que foi e responder ao apelo do que vem, para os revolucionários, nomeia uma mesma intensidade. Porque citar significa, sobretudo, fazer comparecer uma forma do passado, fazendo justiça *agora* a esse passado específico no exato momento em que são destruídas as condições históricas em que permanecia prisioneiro da História ou, se se prefere, do Mito. Assim, ao salvar um fragmento do passado, destitui-se o presente e abre-se o sésamo do porvir.¹⁹⁹ Evidentemente, a repetição que é inerente à citação nunca repete o *mesmo*, mas também não é uma simples *diferença*, é um tentar que nutre uma possibilidade que resta incompleta no que já aconteceu, é o não acontecido do acontecido. E o acontecido, para nós, para a nossa tradição, é a derrota. O comunismo é a forma mais elevada de tragédia que a humanidade viveu, vive e sempre viverá, ainda mais intensamente depois de cada ruptura revolucionária, pois é somente ao cruzar esse limiar que a humanidade acede, a cada vez, à integridade da possiblidade existencial. Naquele passado oprimido, naquele tempo de derrota, há um inacabado, um resto que contém o potencial vitorioso. Talvez a repetição possa ser melhor entendida nas palavras de um outro velho amigo teatral: "falhar de novo, falhar melhor". *Falhar até a vitória*, que talvez, como o messias das historietas rabínicas que Bloch e Benjamin amavam contar, só virá no dia seguinte, quando não será mais uma necessidade. Um sujeito sem vitória, uma vitória sem sujeito.

Não por acaso, no primeiro parágrafo de seu *Comentário brechtiano*, abordando o *Fatzer*, Benjamin começa dizendo que a vitória revolucionária, para ser verdadeiramente tal,

---

198 Gershom SCHOLEM, *Il nome di Dio e la teoria cabbalistica del linguaggio* (Milão, Adelphi, 1998), p. 44; ed. bras.: *O nome de Deus, a teoria da linguagem, e outros estudos de Cabala e mística: Judaica II* (São Paulo, Perspectiva, 1999).

199 N. da T.: A expressão "abre-te sésamo", recorrente em vários idiomas, refere-se ao grão de gergelim (*sesamum indicum*), conhecido como alimento que fortalece a memória.

deve neutralizar imediatamente o dispositivo vencedores/vencidos, fazendo com que os vencedores vivam também a experiência da derrota: destituir ao mesmo tempo a glória dos vencedores e a compaixão pelos vencidos, só assim se resolve uma situação de conflito extremo e, ao mesmo tempo, destrói-se como sujeito da revolução: "Da honra sem glória. Da grandeza sem esplendor. Da dignidade sem recompensa".[200]

O verdadeiro "começo" não está no *impulso*, eventualmente heroico, e ainda assim glorioso e constituinte, mas no fraco heroísmo contido no *cessar*: "o 'começo' é renovado dialeticamente. Não se manifesta no impulso, mas em um cessar. A ação? O homem abandona o seu lugar".[201] Aqui, *cessar* significa, na língua latina, "permanecer inoperante", que nada mais é que uma definição diferente de greve. Por exemplo, no sentido de abandonar o lugar que nos foi assinalado no diagrama governamental, de romper o vínculo social que nos mantém emaranhados no presente, de pôr fim ao trabalho, de acabar com as separações não apenas entre objeto e sujeito, mas entre teoria e práxis. Na recusa em equiparar uma subjetividade vitoriosa à vitória: é o processo da revolução que vence, um passo por vez, lugar por lugar, fragmento por fragmento, e não os revolucionários. Exatamente para que este processo não se feche logo após uma vitória ou uma derrota, cada chefe revolucionário deve se destituir, abandonar sua posição.

É deste processo que obtemos a potência, nele podemos experimentar o messiânico. Quanto à Revolução, ora, esta é a única coisa que pode ser definitivamente realizada de "fora", mas este "fora" é o Messias, sobre o qual não temos nenhum poder. Quem buscou identificar este "fora" com o Partido e sua vontade de potência, apenas acelerou o fim do processo revolucionário. "Pouco a pouco o marxismo foi derrotado pelo Estado e pelo Partido: o discurso revolucionário terminou sufocado pelo estatal. Os marxistas, de fato, foram perigosos [para o Estado e o Partido]".[202]

---

200 Assim recita o excerto de Walter Benjamin em *Uomini Tedeschi* (Milão, Adelphi, 1992).

201 Walter BENJAMIN, "Dal commentario brechtiano", op. cit., p. 178.

202 Heiner MÜLLER, *Guerra senza bataglia*, op. cit., p. 88.

Em *Massa e poder*, Elias Canetti celebra, em uma famosa passagem, a virtude da cessação em massa da produção, ou seja, da greve vista como expressão de uma *massa negativa*, daqueles que "juntos não querem mais fazer o que até aquele momento estavam fazendo como indivíduos [...] A suspensão do trabalho iguala os trabalhadores".[203] Como escrevia Franz Rosenzweig em relação ao sábado hebraico, que é o paradigma da redenção: "Redenção deve significar repouso, não recolher as forças em função de um novo trabalho. O trabalho é sempre um novo começo [...]".[204] Portanto, o sentido último da insurreição destituinte não deve ser interpretado como o "grande início", mas como uma suspensão da catástrofe, como greve da História. Por isso, a insurreição potencialmente abre para a inoperância, e não para o trabalho do Governo, faz cessar um domínio sem necessariamente postular um outro. Enfim, a greve, a insurreição, o processo revolucionário, são concatenamentos de gestos que podem ser realizados só por um *nós*, ou seja, por um *partido histórico* que salva a singularidade enquanto depõe a identidade, tanto a individual quando a de massa ou de classe. A igualdade não se verifica econômica ou socialmente, estas eram as ilusões do sujeito moderno: somos iguais sobretudo no uso que fazemos da nossa vida em guerra com este mundo.

A fim de evitar equívocos — tendo em vista a má-fé de certos críticos em relação à hipótese destituinte —, especificamos que Benjamin *não* disse que é preciso parar de fazer tudo, mas sim que é necessário "cessar de fazer qualquer coisa de exterior".[205] Então, "permanecer inoperante" é orientado essencialmente à deposição de toda exterioridade que se coloque como comando sobre a vida, obviamente começando pela organização do trabalho. Todas as misérias e as derrotas da política moderna, incluindo as dos revolucionários — basta pensar nas vivências inglórias e mesquinhas das "vanguardas externas" —, derivam deste contínuo processo de exteriorização. Fazer algo de externo, definitivamente, quer dizer colocar em produção algo que

---

203 Elias CANETTI, *Massa e potere* (Milão, Bombiani, 1989), pp. 66-67; ed. bras.: *Massa e poder* (Brasília, Melhoramentos, 1983), p. 59.

204 Franz ROSENZWEIG, *La stela della redezione* (Casale Monferrato, Marietti, 1985), p. 336.

205 Walter BENJAMIN, "Dal Commentario Brechtiano", op. cit., p. 178.

é necessariamente exterior; parar de fazer algo de externo não significa acabar com a produção em si, mas com a sua metafísica. Isso porque a produção, se colocada no lugar de comando, transformada em "princípio epocal", terminará sempre por dominar de fora qualquer outra coisa. Talvez seja possível produzir um sujeito como se produz um automóvel, mas não se pode fazê-lo com uma revolução. Ou talvez sim, e então aquela revolução será, necessariamente, constituinte, e reproporá o problema da violência de direito e, portanto, do Estado e da polícia. O próprio Marx define a liberdade como aquele estado de mundo caracterizado pela ausência de um fim exterior, e a situa *fora* da produção: "O reino da liberdade só começa, de fato, onde cessa o trabalho que é determinado pela necessidade e por *objetivos externos*; por consequência, em virtude da sua natureza, encontra-se fora da esfera da produção material propriamente dita".[206] Mesmo o exercício do pensamento nunca está relacionado a essa esfera, exatamente porque o verdadeiro pensar não procede de uma exterioridade e nunca se reduz à obra resultante. Diz Mario Tronti: "Este é o ponto: o pensamento, no seu conteúdo e na sua forma, não pode vir de fora. Ou vem de dentro, ou não existe".[207]

Mesmo nesse caso, é preciso deixar claro que não se trata de desaparecer magicamente com a categoria da produção, mas de depor essa primazia metafísica que se afirmou ao longo da história ocidental, particularmente após o advento do capitalismo. Festejar, por exemplo, é sempre um fazer, mas é um fazer que não é produtivo, ou seja, não é gerado de fora e não objetiva adquirir ou produzir algo que lhe é externo: a festa é o paradigma da interrupção do tempo ordinário, mas não tem nenhum fim exceto aquele que se diz "fim para si mesmo". Por isso, hoje, não há mais festas verdadeiras, pois toda festividade serve a um fim que lhe é totalmente extrínseco.

Também não se trata de opor uma interioridade a uma exterioridade, ao contrário, devemos pensar em um gesto que depõe ao mesmo tempo as duas dimensões e, só nesse sentido,

---

206 Karl MARX, *Il Capitale*, org. E. Sbardella (Roma, Newton Compton, 1996), p. 1468, grifo de M. T.; ed. bras.: *Os manuscritos econômicos e filosóficos — Textos filosóficos* (Lisboa, Edições 70, 1993), p. 12.

207 Mario TRONTI, *Non si può accettare*, org. Pasquale Serra (Roma, Ediesse, 2009), p. 14.

pode-se dizer *consumado*: o consumar do gesto destituinte só se pode dizer alcançado em relação à impossibilidade de dividir um exterior de um interior e também de conceber seu devir, seu ser liminar. *Consumar*, na verdade, designava, nos antigos mistérios e, depois, no batismo cristão, o momento da iniciação à verdade, a saída da escuridão e a entrada na "verdadeira vida": consumar é um acabar que é também começar, mesmo quando ninguém pode dizer onde exatamente começa ou termina uma coisa ou a outra. Para nós, significa o começo da forma de vida comunista e o fim do sujeito da separação universal.

Qual seria, então, um primeiro exemplo de ação consumada? Ainda fazendo referência ao *shabbat* e, em geral, à festa, um bom exemplo é a refeição em comum que os caracteriza: "aqui todos são iguais, e qualquer um é por si e, todavia, é unido a todos os outros".[208] A refeição em comum, na repetição do gesto que permite regenerar o corpo de qualquer um, mas fazendo-o em comum, mostra que um aspecto da redenção consiste nesse comunismo da renovação dos corpos e dos espíritos, o qual, por sua vez, não é propriamente um início, mas um consumar em que se mostra uma outra dimensão do tempo e da vida. O significado do nome *companheiro* reside, desde sempre, nesse sábado recorrente da redenção: compartilhar o pão é, talvez, o primeiro gesto destituinte, o que deu nome às singularidades que nunca param de recompor, há gerações, o "povo que falta" tão caro a Gilles Deleuze. O povo falta quando não há uma mesa em torno da qual dividir uma refeição, uma história, uma luta, uma emoção e até mesmo uma vida. Falta quando não há experiência comum, o que constatamos a cada dia percorrendo o deserto metropolitano que hoje está em toda parte. Falta onde não conseguem pôr fim ao presente dominante. E, se é possível avançar um diagnóstico sobre a atualidade, não é por acaso que todas as lutas mais significativas dos últimos anos, desde as *acampadas* espanholas aos muitos acampamentos contra as Grandes Obras, até a organização nos quarteirões da metrópole, experienciem a construção de cantinas e de ocasiões de convívio como parte inseparável da experiência da luta. Nesse sentido, sim, é um verdadeiro retorno *da* origem.

---

[208] Franz ROSENZWEIG, *La stela della redezione*, op. cit., p. 337.

Então, para interromper a dialética entre interior e exterior que domina o dispositivo de ação política, é necessário opor um outro tipo de dialética, que se consume no gesto destituinte. Para obtê-la é preciso interromper a ação exterior em curso e os personagens que a animam, ou seja, é preciso destruir seu contexto e identidade, por meio da destituição da ação em curso e de seu sujeito, em favor de um gesto que, diferentemente da ação política com as suas "consequências", não possui simplesmente um início e um fim, e sim uma determinação que abre para uma *situação* diversa. Como as *canções* brechtianas tinham a função de interromper as ações cênicas, criando um lugar de estranhamento onde qualquer um pudesse tomar posição e decidir o seu "partido", modificando, assim, as condições materiais e espirituais de como se vê uma situação, portanto, criando uma nova; assim, é necessário imaginar formas de interrupção e estranhamento que permitam suspender, desativar, tornar inoperante a ação política, diria Giorgio Agamben. Por quê? Porque, dessa forma, ao interrompê-la e desativá-la, cria-se uma situação na qual, antes de tudo, todos podem tomar partido diante da pura exposição do político e compor diferentemente espaço e tempo, linguagem e gesto. Decide-se, assim, nesta interrupção, o amigo e, portanto, o inimigo, com a consciência de que é a amizade, para nós, que constitui o elemento organizador da luta. Uma organização que, exatamente por isso, nunca é externa, mas emana da própria experiência e de suas descontinuidades, em outras palavras, dos encontros que a modificam e que permitem que sua potência seja ampliada, ou seja, uma forma de vida que é, ao mesmo tempo e sob o mesmo modo, uma forma de organização.

Portanto, seria preciso responder à pergunta sobre o que quer dizer interromper uma manifestação, uma passeata, uma greve, uma assembleia. Mas isso não é suficiente. É preciso também compreender o que quer dizer interromper qualquer atividade ou relação: uma escrita, um trabalho, uma pintura, uma amizade, um amor. *Tomar posição cem vezes por dia, vivendo em um estado de exceção, isso é o que significa viver em um tempo revolucionário.* Isso não significa de modo algum perder-se no ativismo ou sucumbir ao voluntarismo, mas, ao contrário, ganhar esse tempo e esse espaço em que é possível *escutar* o murmúrio do anjo, *contemplar* o mundo, para poder ser tomado por uma *decisão*. Todas as nossas frustrações e os nossos consequentes comportamentos niilistas, na política e no amor, na luta e no pensamento, sempre derivam de nossa incapacidade de determinar ou compreender essa interrupção, esse tomar posição, e a incapacidade de fazê-lo depende de nossa preguiça, de nossa impaciência ou de nossa covardia. Além de nossa miserável e muito moderna descrença na realidade dos mundos.

A ação política clássica compartilha com o teatro clássico a produção de identificação e formas de sugestão com as quais se bloqueia a possibilidade de tomar posição por meio da ilusão de uma continuidade que só existe na cena, teatral ou política, a qual leva os espectadores-eleitores a imaginar ter uma opinião própria — que é sempre a dominante —, enquanto, na verdade, eles estão sob o efeito sugestivo do Espetáculo. A interrupção, como prática política e artística, é, portanto, um potente instrumento de contrassugestão, ou seja, de desideologização. Somente se soubermos opor nossa razão à magia do capital e nos utilizarmos de formas de magia para confundir o inimigo e dissolver os vínculos que nos mantém presos e ele, poderemos fazer avançar com mais determinação os devires revolucionários.

Se o poder, segundo a célebre definição foucaultiana, é ação sobre ação, o problema a ser resolvido é o de como subtrair-se a essa dialética da ação, e escolher aquela épica do *gestus*: produzir um curto-circuito na dialética que define a relação de poder quer dizer interrompê-la, negar-se a participar e sair da relação; pensar o gesto destituinte como uma cunha que é inserida no meio, entre a ação e a potência. À multiplicação dos gestos corresponderá uma diminuição das ações; a uma diminuição da produtividade do direito, um aumento do uso; a um aumento da potência, uma diminuição do poder. Diferentemente, o gesto corrige a sua negatividade precisamente ao fazer comparecer uma forma. Ou seja, o gesto bloqueia o fluxo no qual se constitui o contexto da ação, e é dentro dessa interrupção que emerge a forma, mas, ao contrário da ação, não interrompe só algo externo a si, mas pode se voltar também para dentro de si; e é dessa maneira, na encruzilhada entre as duas, no *meio*, que emerge o impossível, ou seja, a possibilidade do devir. Se a ação está sempre voltada para um fim — nesse sentido ela é *econômica* —, o gesto desestrutura a ação enquanto dissolve o sujeito e a economia. O gesto, diferentemente da ação, não tem nenhuma necessidade de dar-se um fim, deixa-se ser um devir, ou seja, deixa que qualquer um e todos possam decidir como é *justo* que algo termine ou aconteça. Nesse sentido, o gesto que interrompe sempre é também dessubjetivação, lá onde a ação pressupõe um sujeito sempre em ato, em presença contínua. Ao contrário, o gesto torna positiva a crise da presença enquanto abre à potência do devir-outro, permanecendo si mesmo.

O método da interrupção, conforme concebido por Benjamin, evidentemente coloca uma cisão sensível em relação à tradição revolucionária moderna, especificamente no que concerne ao primado da ação: o que é importante para ele, no sentido propriamente político, é entender como seria possível interrompê-la, pará-la, torná-la inoperante; para Benjamin, *ação* e *fecundidade* estão em contraste e, se a primeira é marcada pelo deslocamento, a segunda o é pela intimidade. Se o devir revolucionário é uma questão de intimidade e de promiscuidade com o mundo, toda ação de governo é tipicamente um árido deslocamento dele. Nesse sentido, o gesto destituinte não é só diferente da ação constituinte no que concerne à doutrina dos fins e dos meios, mas ganha vida por um a priori que lhe é inteiramente heterogêneo, e também por isso a qualidade de seu conteúdo se coloca em uma dimensão de ativo *estranhamento* em relação à tradição política ocidental.

A política clássica, seja estatal ou revolucionária, quase sempre tem pensado o ser político a partir da sua incessante operatividade, da sua capacidade de se inserir na cadeia de uma infinita eficácia produtiva e, exatamente por isso, governável. O gesto destituinte coloca-se em outro lugar com relação a esse dispositivo prático-discursivo, lá onde não há mais nenhum sentido em dividir teoria e práxis e onde o único primado possível é o da vida como potência ingovernável. Visto desse ponto de vista, o conceito historicamente afirmado como revolução não parece adequado para indicar o que Benjamin tentou definir como uma política destituinte. A partir dessa posição, dizer-se revolucionário só pode ter sentido sob a condição de ganhar uma distância daquela herança histórico-político-filosófica, tomando posição à altura do presente. E aqui nos alcança o enrosco da seca afirmação de Guy Debord: "A teoria revolucionária agora é inimiga de toda ideologia revolucionária, *e sabe que o é*".[209]

---

209 Guy DEBORD, *La società dello spettacolo* (Milão, Baldini & Castoldi, 2001), p. 122; ed. bras.: *A sociedade do espetáculo* (Rio de Janeiro, Contraponto, 1997), p. 101.

A INSURREIÇÃO DESTITUINTE

O que acontece agora? Pelo menos, nenhum explorador vai surgir de repente; e algo ainda pior poderia acontecer, ora, agora as cartas estão na mesa e você pode ver o que pode estar errado com homens e mulheres livres, ou o que não está errado com eles ainda.

— Ernst Bloch, *Tracce*.[210]

No nosso tempo, os primeiros a falar em *insurreição destituinte* foram os pesquisadores militantes do Colectivo Situaciones, em um livro escrito imediatamente após a insurgência argentina no inverno de 2001, e que se concentrou em dois dias de insurreição, 19 e 20 de dezembro.[211]

---

210 Ernst BLOCH, Tracce (Milão, Garzanti Editore, 2015).

211 O neoliberalismo argentino que se desenvolve entre o fim dos anos 1980 e o fim dos anos 1990, durante o governo de Carlos Menem, não é muito diferente daquele que vimos em ação nos Estados Unidos com Reagan, na Inglaterra com Thatcher ou na Itália com Berlusconi, com as suas promessas de enriquecimento e de *desregulação* acelerada, uma "deformação" generalizada, a partir das tradicionais funções estatais. A singularidade argentina advinha do fato de ela estar saindo de um decênio de ditadura militar e Menem foi também quem assegurou a impunidade aos militares golpistas por meio de medidas de anistia promulgadas durante os primeiros dois anos de seu mandato. Em dez anos, ele conseguiu "reestruturar" a política e a economia argentinas, graças também às práticas de corrupção que, rapidamente, levaram o país a um estado endêmico de crise. Durante os anos 1990, houve uma série de revoltas ininterruptas, nasceu a experiência dos Hijos — um grupo de jovens inspirados

Situaciones, naquele texto, defendia que aqueles dias de dezembro colocaram sérios problemas de compreensão, especialmente a quem ainda procurasse ler as insurgências em termos marxistas ou anarquistas mais ou menos tradicionais. Ainda que eles mesmos permanecessem ancorados a muitas daquelas categorias, diante dos fatos argentinos, conseguiram descrever com realismo visionário algumas das características que hoje redefinem a questão revolucionária. Também aqui, *sujeito* e *objeto* não são dados: "queremos desenvolver um estilo de pensamento que não seja pré-constituído pela existência de seu objeto, mas pela internalidade do fenômeno que está sendo pensado".[212]

Esse livro foi traduzido e discutido em muitas línguas, mas a definição inédita que Situaciones deu para a insurreição não teve grande ressonância na época, ou, melhor, nenhuma. Provavelmente porque entrava em forte dissonância com a gramática política praticada pelos "leitores amigos" do coletivo argentino, sobretudo os pós-operaístas italianos e, portanto, o neomarxismo latino-americano; de fato, posteriormente, o coletivo abandonou aquele tipo de pesquisa e de linguagem, voltando a se exprimir de modo mais ortodoxo e finalmente se dissolveu.[213]

Os pós-operaístas, naturalmente, não perceberam a importância central do conceito de destituição, preferindo continuar a se debruçar sobre a velha categoria de contrapoder. Outros, em outras

pelo Madri di Plaza de Mayo — que inventaram os *escraches* como forma de luta consistente em ações de perturbação nas casas de militares e personagens envolvidos na ditadura e, depois, aquela dos *piqueteros* — compostos pelo extrato "excedente" da população: desocupados, precários, proletariado difuso — que puseram em campo novas formas de organização política e de luta, principalmente enormes piquetes que bloqueavam os principais cruzamentos das estradas metropolitanas. Enquanto a situação econômica piorava, desenvolviam-se formas de resistência popular como a difusão, em bairros inteiros, do escambo — o assim chamado *trueque* — e, em geral, uma busca por modos de viver fora dos circuitos monetários. Por fim, diante do *crack* financeiro que ocorreu em 2001, em razão de um enorme e inextinguível débito público que provocou a fuga do capital privado para o exterior e o bloqueio dos saques bancários decretado pelo Estado, explodiu o protesto popular, culminando nas jornadas insurrecionais em meados de dezembro e o subsequente estado de sítio.

212 COLECTIVO SITUACIONES, *19 y 20*, op. cit.; lembrando que todas as citações desse texto são, geralmente, retomadas da edição original e traduzidas por mim.

213 Alguns componentes constituíram mais tarde o Instituto de Investigaciones y Experimentación Política.

latitudes, que na época talvez estivessem em posição de fazê-lo, foram prevenidos ou, de todo modo, distraídos. No entanto, esse livro continha diversos elementos de antecipação e de invenção política, junto de outros certamente caducos — não só aqueles majoritariamente ligados às categorias tradicionais do pensamento político de esquerda, mas também ao movimento não global que estava em processo de extinção naquele mesmo ano.

Aquele 2001, ano da serpente na astrologia chinesa, marcou o início do fim dos movimentos altermundialistas e a entrada em um novo ciclo de guerra civil mundial: a serpente mudava de pele. Em rápida sucessão, tivemos os eventos do G8 de Gênova, o colapso das Torres Gêmeas em Nova Iorque, o início daquela que foi chamada a "guerra contínua e permanente", depois a deflagração do neoliberalismo argentino, com uma prévia da "crise financeira", concentrada em um único país e que levou ao aparecimento, nesse contexto, de uma estranha práxis insurrecional que anunciava a forma das revoltas que viriam, as quais apareceram, pontualmente: em 2005, com a revolta dos *banlieues* franceses e, depois, em um crescendo e em rápida sequência até chegar a incendiar o mundo entre 2010 e 2011, após o profundo impacto causado pela insurgência grega em 2008. Um novo episódio, enfim, é constituído pela revolta francesa de 2016 contra a reforma trabalhista.

A hipótese que podemos levantar é que a insurreição argentina constituiu um paradigma — um *exemplum* — das lutas que foram abertas na aurora das declarações do "estado de crise mundial" de 2008.[214] Frequentemente, ao contrário do que sempre pensou um certo mecanicismo historicista-marxista, a forma da luta, o seu paradigma, revela-se ao mundo *antes* que as condições adequadas exteriores, as chamadas "objetivas", tenham sido dadas; como um tipo de profecia prática, ela anuncia os termos de uma política que vem. É um tipo de chamada às armas que, acima de tudo, interrompe o *continuum* da tradição revolucionária, ou melhor, da tradição transformada em conformismo. De fato, quando novas formas de luta aparecem,

---

214 Para a noção de paradigma, inspiramo-nos no capítulo "O que é um paradigma?" do livro de Giorgio Agamben, *Signata rerum. Sul metodo* (Turim, Bollati Boringhieri, 2008); ed. bras.: *Signata rerum — Sobre o método* (São Paulo, Boitempo, 2019).

repentinamente e com grande ruído, o lamento da esquerda consiste em repetir: "Não é o momento, é preciso esperar que as 'condições objetivas' estejam maduras, as pessoas não entendem, estão fazendo um favor às reações, vocês são provocadores". Para a esquerda, as condições objetivas, obviamente, nunca se tornam maduras, ao passo que, para os governos, rapidamente se transformam em termos de contrainsurgência.

Não estamos dizendo nada de particularmente original ao escrevermos que as formas de luta são primeiras em relação ao dinamismo do poder. Michel Foucault argumentou, em várias ocasiões, que a "resistência vem primeiro"; Mario Tronti escrevia, nos anos 1960, batendo o punho sobre a mesa, que "o princípio é a luta da classe operária" e não o desenvolvimento capitalista; E. P. Thompson narrou, em milhares de páginas, o nascimento da classe operária inglesa, mostrando sua autonomia original, no sentido de que ela não era mero produto ou resíduo da indústria capitalista e que o capital teve que engendrar contra ela uma guerra social, a partir da consideração atenta e, portanto, da desarticulação das formas de vida e de luta proletárias. Em suma, parece que podemos argumentar, com base em uma certa autoridade anti-historicista, que as novas formas de luta ou de resistência aparecem *antes* das determinações do poder — que, assim, adquire efetivamente o seu estatuto *reacionário*. A verdadeira questão a ser resolvida a esse respeito sempre foi a de romper a circularidade descoberta pelo operaísmo entre luta e desenvolvimento, resistência e reconfiguração do poder, que parecem necessariamente se implicar: a questão revolucionária consiste, em grande parte, em colocar fim a essa ciclicidade infernal e talvez a potência destituinte apenas nomeie esse gesto de "pôr um fim". Em todo caso, não podemos aplicar o mecanicismo ao contrário, pensando que as lutas automaticamente anteciparam o futuro e, além do mais, produziriam as condições para a sua derrota; o bom senso quer que as coisas nem sempre aconteçam desse modo. *Ninguém sabe o que pode uma forma de luta, porque ninguém sabe o que pode uma forma de vida.*

O fato de que uma forma de luta situada possa configurar a forma geral do conflito que vem depende de algo que não tem nada a ver com as leis da economia política e pouco tem relação com as da política clássica. São as formas de vida, até mesmo seu simples esboço, que geram, *dentro e ao redor* de si, as formas de luta. Somente quando forma de vida e forma de luta se tornam indiscerníveis, coincidindo em um determinado tempo, que testemunhamos uma fenomenologia revolucionária *em ação*. Quem consegue compreender, na nossa atualidade, os fragmentos de forma de vida que têm vocação para existir relativamente fora do Governo e do capital e entram em um devir revolucionário, consegue também ler a tendência, ver não tanto o que, do ponto de vista do hoje, dirige-se em linha reta ao amanhã, mas o que vem ao nosso encontro, aos saltos, como resultante do curto-circuito do passado e do presente. Aqueles que, ao contrário, não compreendem nada dos tumultos urbanos na Europa e no resto do mundo não os entendem porque, de um lado, são obcecados pelo futuro e, de outro, ignoram, conscientemente ou não, as experimentações de vida que vêm ocorrendo nos últimos anos em toda parte: de Roma a Atenas, de Rennes a Barcelona, de Nova Iorque a Chiomonte, do Cairo a San Cristobal de las Casas — experimentações que se tornam verdadeiros paradigmas. O erro que parece se repetir sempre é o de dividir as formas *a posteriori*, dando à da "luta" o primado que, no limite, deveria ser da "vida".

Assim, dizer que a insurreição argentina é um paradigma não significa dizer que é um "modelo" a ser seguido e reproduzido em outros lugares, como na época do marxismo-leninismo, quando a revolução bolchevique e tudo o que acontecia na URSS deveria ser servilmente seguido pelos partidos e organizações comunistas de todo o mundo, com base na crença de que o marxismo seria uma ciência como a meteorologia ou a biologia marinha. Menos ainda quer dizer confiar na extemporaneidade de "ações" que supostamente incutiriam consciência nas massas oprimidas. Claro que, quando se fala de paradigmas, remonta-se a um certo regime de verdade, mas não se trata de verdades científicas ou voluntaristas, e sim das verdades que envolvem as zonas da existência que a ciência não reconhece como fontes do verdadeiro; são o tipo de verdade que o Comitê Invisível disse que "se prova, mas não podem ser provadas", ou seja, "verdades éticas", *verdades do de dentro* que, nem por isso, são menos fortes que as outras, as exteriores; ao contrário, são mais potentes em relação ao mundo, porque de dentro, da interioridade, sobressaem-se até tocar o limite último de sua enunciação, um limite que é sempre material. Porém, é importante especificar que essas verdades são sempre *situadas*, determinadas, não são verdades morais, como acontece na esquerda, ou relativistas, como para os fanáticos da desconstrução. Exatamente porque determinadas, são verdades que se movem e, movendo-se, encontram outras questões, outras pessoas, outros amigos da verdade que são transformados por elas e que, por sua vez, as realizam e as modificam ao fazer uso delas. "A lógica vai até o fim. A verdade é extremista", escrevia Henry Barbusse em 1920, em uma carta à Ordem Nova de Antonio Gramsci. Uma verdade que não vai ao extremo não serve para nada, exceto, na melhor das hipóteses, para a autoconsolação.

A insurgência argentina é paradigmática porque ilumina a época, mas não a partir de um lugar transcendente, pairando sobre o mundo, mas sim de seu fundo catastrófico, que é também uma verdade, e dali *comunica*. Ele expressa sua singularidade por meio do acontecimento ao qual está articulado, de início localmente, depois irradiando por toda parte um sentido de existência e de luta, uma estratégia de vida e uma tática de combate, uma forma de vida e uma forma de organização que *constrói destituindo* e que, magicamente, reencontramos, ainda que em fragmentos, anos depois, em lugares longínquos de Buenos Aires. Para dizer com Badiou: "[...] uma insurreição pode ser puramente singular e, ao mesmo tempo, universal. Puramente singular porque ela é um momento, um puro momento, e universal porque, no fim, esse momento é a expressão de contradições fundamentais gerais".[215]

Sobretudo, dizer que aquela insurreição, acontecida naquele país, em certo momento, constitui um paradigma significa evitar se referir de forma reducionista às práticas pontuais de luta de rua adotadas durante a insurreição, mas leva a pensar que a sua qualificação, o fato de ser destituinte, tem a ver com um conjunto de fenômenos muito mais amplos, difusos e profundos, significa refletir sobre como ela se disseminou por todo o campo da vida, redefinindo assim o político. Aquela insurreição,

---

215 Alain BADIOU, *La rélation enigmatique entre philosophie et politique* (Paris, Germina, 2011), p. 69.

exatamente na sua singularidade, torna inteligíveis toda uma série de fenômenos pertencentes a um único conjunto do qual ela mesma faz parte e que, ao mesmo tempo, contribuiu para criar.

A aparição de um novo paradigma, seja científico, político ou estético, obviamente determina uma ruptura com o passado próximo e um deslocamento complexo dos termos nos quais uma certa coisa, um certo acontecimento, um certo estado de mundo se define. No nosso caso, é um *ponto de vista parcial porque situado, mas que, entrando em ressonância com outros lugares e tempos, ilumina uma forma geral que, porém, nunca se totaliza*. A insurreição destituinte argentina não é a origem de todas as insurreições posteriores, não é um arquétipo, é uma imagem singular que ao se comunicar *a priori* com todas as outras imagens singulares e que são parte do mesmo conjunto insurrecional, torna-as inteligíveis na constelação de fenômenos que definem os contornos da época. Dessa forma, podemos compreender algo mais sobre as sublevações do presente e os tumultos do passado recente, bem como sobre as técnicas de contrainsurreição e as mil manobras que o Governo coloca em ação para obstaculizar *o que vem*.

Como escreveram os próprios autores argentinos, não se pode considerar uma insurreição destituinte, como aquela descrita por eles, nos termos clássicos da política, ou seja, medindo sua eficácia a partir das conquistas políticas imediatas e *exteriores* — um direito a mais ou um ministro a menos —, mas deve-se percebê-la como a abertura de um campo de possibilidade: o paradigma insurrecional argentino encontra, assim, o seu ponto de irreversibilidade na "deformação" temporal e subjetiva que imprimiu no mundo, e não em algum efeito progressista. Nesse sentido, o surgimento de uma insurreição tem relação com a fantasia e não com a razão econômico política.

Fantasia quer dizer, escreve Benjamin, "uma erosão ou decomposição daquilo que foi formado".[216] A "autêntica fantasia" é o processo de dissolução do existente, até das formas que se manifestam no seu exercício, uma prática "puramente negativa", não propriamente destrutiva, mas também não produtiva

---

216 Walter BENJAMIN, "La fantasia", em *Opere complete*, vol. 8, op. cit., p. 111.

de obras, ou seja, *uma destituição pura das formas dominantes,* que vem sempre e somente "do interno, é livre e, por isso, indolor", não apresentando os estigmas da exterioridade. Continua Benjamin: "Na decomposição da forma, [...] esta se revela objeto de um desfazimento infinito, quer dizer: de uma eterna transitoriedade". A imaginação autêntica é, nesse sentido, perfeitamente an-arquica e combina com o processo da ordem do profano descrito no célebre "Fragmento Teológico-político", onde a verdadeira, livre, felicidade, revela-se no fato de que "cada ser terrestre aspira ao seu crepúsculo [...] a natureza é messiânica em virtude de sua eterna e total transitoriedade".[217]

Por isso, a insurreição, antes de ser uma arte, nasce de um exercício de imaginação, mas, continua Benjamin, uma vez que "a fantasia é o fundamento de toda obra de arte", e no entanto é incapaz de construí-la, então a insurreição, a fim de se determinar e experimentar seu limite, torna-se uma arte, uma *téchne* no sentido próprio, mesmo que apenas a posteriori, quando a obra da imaginação tiver sido concluída. É somente sob tal condição que essa arte permanece fiel ao gesto inaugural da fantasia, o de gerar formas que não correrão o risco de se transformar em uma estrutura governamental, já que somente a ação deformante e transiente da imaginação, que é sem início e não cria nada de novo, pode se opor eficazmente à produtividade fantasmática do Governo. Tudo isso nos diz uma coisa simples, no final das contas: uma insurreição não nasce com a tarefa de perseguir e imaginar formas produtivas de futuro, mas de um exercício coletivo da fantasia que deforma, em um só gesto, o passado, o presente e o futuro.

O movimento estudantil de 1968 errou ao desejar colocar a imaginação no poder, o 1977 italiano fez melhor, preferindo escrever nos muros que a imaginação havia destruído o poder e, todavia, nem mesmo ali se conseguiu agarrar a questão verdadeira. É preciso ir além e pensar a imaginação como uma forma preliminar de destituição, como aquilo que, ao dissolver as formas dominantes, permite a geração de novas formas de viver e, portanto, de política.

---

217 Walter BENJAMIN, "Frammento teologico-politico", em *Il concetto di critica nel romanticismo tedesco — Scritti 1919-22* (Turim, Einaudi, 1982), pp. 171-72; ed. bras.: "Fragmento teológico-político", em *O anjo da história* (Belo Horizonte, Autêntica, 2012), p. 24.

É nas lacunas imaginativas, na brecha temporal que se determina na insurreição, que devemos procurar as modificações sensíveis da subjetividade revolucionária, e não nas novas instituições criadas pela revolta, muito menos na composição do governo que eventualmente se seguiu a ela. Assim, podemos dizer, à guisa de tese, que *os governos que entram em função logo após as insurreições testemunham regularmente suas derrotas, ou seja, sua incapacidade em dissolver as formas cruéis contra as quais se levantaram*. Desde sempre, a falta de imaginação para os revolucionários indica a certeza de sua derrota; o pouco espaço que se dedica a esse exercício ou a confiança insuficiente na própria imaginação precipita-os regularmente na armadilha da razão calculista.

A crise argentina que abriu os anos 2000 foi a experimentação e o anúncio da crise planetária que explodiria sete anos mais tarde: crise financeira, institucional, política, categorial. Uma radical "crise de legitimidade" governamental, no quadro de um suspiro capitalista que funcionou, ainda uma vez — como aconteceu frequentemente com os países latino-americanos —, como um laboratório local para a reestruturação global do domínio: a Argentina, como um tipo de *fablab* neoliberal. Mas foi também uma retumbante crise de legitimidade que envolveu rapidamente todo tipo de instituição, até alcançar aquela mais antiga do Ocidente, a igreja católica, com a renúncia sem precedentes do papa Bento XVI e o advento de seu sucessor, Francisco I, que vem exatamente daquela Argentina em que a destituição se manifestou, com uma força inusitada, no início do novo milênio. Eis a força de um paradigma.

A insurgência argentina, assim, situou a dinâmica insurrecional fora do modelo caro à esquerda radical, indicando também à própria América Latina uma curva dificilmente contornável. Então, diferentemente de quem havia dito que a insurreição argentina era a gêmea mais feroz da tomada do poder parlamentar de Lula no Brasil,[218] é preciso, ao contrário,

---

218 Ver Toni NEGRI, *La ballata di Buenos Aires*, "il manifesto", 13 de março de 2003, onde se diz: "A distância que há entre os piqueteros argentinos e o brasileiro Lula, seja qual for e como for sentida subjetivamente, de todo modo, é mínima".

considerar que é o *bloco negro* do Rio de Janeiro de 2013, durante as mobilizações contra a Copa, que retomou, naquele país, o testemunho, entrando em ressonância com todas as outras revoltas que percorreram o globo no último século, reunindo a própria singularidade revolucionária que consiste, como declarou o antropólogo Eduardo Viveiros de Castro, no devir índio dos brasileiros e no devir *black bloc* dos indígenas.[219] Uma vivência que levou Viveiros de Castro a afirmar que, estrategicamente, mais do que revolução no sentido tradicional, é preciso pensar em "um estado de insurreição permanente como forma de resistência" adequado a nosso tempo.[220] Na metade dos anos 2000, as polêmicas entre zapatistas e apoiadores do efeito Lula — em que os primeiros defendiam a autonomia estratégica em relação a qualquer envolvimento no sistema eleitoral e os segundos, ao contrário, a importância de apoiar todos os governos progressistas que se afirmassem na América do Sul — foram ardentes e reverberaram bem além do continente latino-americano. Hoje, diante do lulismo dominado pela corrupção e pela raiva popular, é fácil dizer que os zapatistas tinham observado corretamente; todavia, essa constatação não serve para muito se não se compreende o que está em jogo. O problema do Brasil de hoje e da Argentina de ontem, de fato, não é o de um governo diferente, alternativo ou mais radical, mas o da governamentalidade em si mesma. Coisa que, para além de toda ilusão contingente, se aplica no presente à Grécia e à Espanha, à Itália ou à França, e a qualquer outro lugar.

Em um primeiro momento, em nossas latitudes, a percepção da crise de legitimidade das instituições dominantes foi traduzida como "crise de representatividade", tema sobre o qual foram publicados rios de páginas nas quais se decretou até mesmo "o fim da esquerda". A questão, porém, permaneceu ambiguamente suspensa, exatamente porque dizer crise de representatividade ainda não significa acabar com a ideia de

---

219 Ver "O antropólogo contra o Estado. 'Foi preciso a esquerda para realizar o projeto da direita'". Disponível em: www.ihu.unisinos.br/noticias/527082-o-antropologo-contra-o-estado.

220 Ver "A escravidão venceu no Brasil. Nunca foi abolida". Disponível em: https://www.publico.pt/2014/03/16/mundo/entrevista/a-escravidao-venceu-no-brasil-nunca-foi-abolida-1628151.

Governo, e muitos daqueles que compartilharam essa análise e que, na época, escreviam livros inteiros para "acabar com a ideia de esquerda", escarnecendo de todas as tentativas de reconstruí-la, de fato, hoje, aceitam novos representantes — de esquerda. Para isso, eles se justificam em nome do argumento de que, na verdade, o problema dos movimentos é a apropriação e a gestão do poder pela via institucional, ou melhor, não é um problema de "dentro", uma fraqueza da forma-movimento, mas a falta de uma exterioridade clássica. Chamemos essa torção de "verticalização" dos movimentos, um tipo de medida corretiva para o horizontalismo excessivo, que, do ponto de vista deles, afetou o ciclo occupy/indignados, e que, na prática, torna-se um apoio explícito ou envolvimento direto com as novas formações partidárias e, mais em geral, com as experimentações institucionais da esquerda-radical-mas-de-governo. Nada que já não tenha sido visto, e, portanto, talvez anos atrás, o sujeito da verticalização, para alguns desses mesmos teóricos que hoje confiam nos novos partidos, era um dos grupos marxistas-leninistas da luta armada, e, hoje, seja a tecnopolítica do Podemos ou a social-democracia 2.0 do Syriza. Continua-se, como sempre, sem compreender que o contrário de ser de direita não é ser de esquerda, mas o devir revolucionário, como já sugeria Dionys Mascolo, mais ou menos há cinquenta anos.[221]

Essa posição "verticalizante", que atualmente parece ter na Espanha o seu epicentro europeu, traça o próprio horizonte programático no âmbito do slogan "é hora de tomar o poder", cancelando, alegremente e de um só golpe, toda a reflexão de Foucault e daqueles que o seguiram, e que pareciam quase adquiridas, ao menos em certos círculos. Recordamos que, segundo Foucault, o poder não é algo que se possa "possuir", mas somente "exercitar" (e, eventualmente, "tomar" em sentido figurado apenas *depois* que se o exercita) porque, sobretudo, não é um "algo", não é uma substância autônoma, mas sim, como até mesmo muitos marxistas repetiram depois de se banharem no Sena, é uma relação, ou, melhor ainda, uma *relação difusa*. "Tomar o poder" é, na verdade, um apelo desajeitado a uma

---

[221] Dionys MASCOLO, *Sur le sens et l'usage du mot "gauche"* (Paris, Lignes, 2011).

versão fraca da autonomia do político: um apelo sussurrado e, portanto, desprovido da tragicidade e da profundidade com as quais Mario Tronti o atravessou mais de quarenta anos atrás.

Diante da derrota da hipótese revolucionária dos anos 1960, Mario Tronti, de fato, pretendia levar o partido da classe operária italiana ao poder, no sentido de apropriar-se da máquina do Estado burguês, esperando um movimento em duas direções — de cima e de baixo — que pudesse, ao menos, resistir à revolução molecular liberal que estava se formando nos primeiros anos de 1970, enquanto hoje não se entende bem quem deveria tomar o poder, sem que se possa nem mesmo tomar o controle do Estado, cuja soberania, nesse meio-tempo, havia desaparecido, ao menos foi o que se disse. Até recentemente, muitos falavam de Império. Se fôssemos ser consequentes, seria necessário falar "queremos participar, pela esquerda, do Governo imperiall", e não brincar com uma improvável e caricatural retomada da autonomia do político. Isso é impossível já que não podemos articular o partido com a classe: os movimentos sociais não são uma classe. Mas a mania de apostar tudo no "movimento" é um vício da esquerda que, desde a Segunda Internacional, nunca foi abandonado.

Em todo caso, hoje, o problema dos revolucionários não é tanto o Estado ou o Governo, nem mesmo o de tomar ou destruir o poder, e sim o da destituição de suas obras e de suas relações; ou melhor: a *destituição da relação* como tal, ou seja, a conquista da autonomia absoluta — *ab-solutus*, aquilo que está livre de qualquer ligação.

Talvez haja apenas uma maneira possível, para os revolucionários, de entender a autonomia do político, e o próprio Tronti a indicou antes de dobrá-la na direção mais conhecida, ou seja, a da conquista do Estado por meio de eleições e com o apoio da força de classe. Trata-se do que sustentava, nos tempos guerreiros do jornal *Classe operaria*,[222] nos anos sessenta, de um operaísmo que ainda não tinha esse nome, o que requer abrir um pequeno parêntesis.

---

222 N. da T. Revista editada de 1964 a 1967 na Itália, inicialmente a partir de uma cisão do periódico *Quaderni Rossi*.

Se houve um fracasso político sério nos últimos anos, esse foi o de indulgentemente manter a crença, e sobretudo a prática, de que todo movimento que se apresentava em cena poderia e deveria ser governado, ou seja, submetido a sua própria *economia* específica: sempre possuir reivindicações racionais, encontrar a mediação certa, saber concentrar ou reprimir a força, ter a representação midiática e política corretas, nunca perceber os movimentos como embriões parciais de um "partido histórico", e sim encontrar a saída imediata em uma organização administrativa, que é sempre negada ou, ainda mais miseravelmente, alcançada em alguma concessão de sobrevivência. Assim, em vez de não haver nem mesmo um, encontramo-nos regularmente com alguns aspirantes a governador. Uma gestão do conflito que não aspira tanto a "fazer a revolução", e sim, mais modestamente, pede para participar da programação do capital e, ainda, lá onde os capitalistas não são capazes de fazê-la funcionar, se propõem como programadores melhores e mais confiáveis. Na verdade, com um involuntário oxímoro, chamam-na "revolução democrática".

Essencialmente, corrigidas as proporções da retórica esquerdista, trata-se, em grande parte, daquelas posições dentro dos movimentos que avançam a partir das reivindicações geralmente de tipo econômico e/ou jurídico (no sentido dos "direitos"). Um dos méritos dos grandes conflitos, como aquele argentino, e, em geral, de toda a sequência de tumultos, insurreições, enunciações estridentes e fracassadas dos últimos anos, é ter liquidado *praticamente* com essa posição, que, no passado recente, chegou a gozar de certa hegemonia. E é por isso, porque foi derrotada nas ruas, que ela reaparece sob a forma do "tomar o poder", situando-se no chamado Palácio, recuperando, desse modo, o aspecto mais antiquado da autonomia do político, qual seja, o que se entende como autonomização de uma nova classe política. Se prestarmos atenção, de fato, a todo avanço dessa posição em direção ao Palácio corresponde a uma simétrica perda de força e credibilidade nas praças.

No tempo em que o operaísmo não se chamava ainda assim, Mario Tronti tinha varrido toda ilusão desse tipo, sustentando que a classe não se torna revolucionária acumulando capital, através da política das reivindicações, para depois usar a autovalorização econômica para conquistar o poder

— como aconteceu nas "revoluções burguesas" — mas sim acumulando força, ou seja, apresentando-se imediatamente como figura do Político, como partido da revolução: "a classe operária dentro da sociedade burguesa não cresce como categoria econômica, não cresce como tomada de poder econômico, como capacidade de gerir economicamente uma estrutura social predeterminada; todas essas coisas são típicas de uma perspectiva reformista [...] a ruptura revolucionária, portanto, o crescimento da classe operária dentro do sistema econômico do capital, coloca-se imediatamente como crescimento político [...]. Como revolução diretamente política, ela se coloca como verdadeira revolução, exatamente porque a outro era uma passagem que visava diretamente à gradualidade, à possibilidade de não romper, de nunca varrer violentamente as velhas relações, mas de coexistir com elas até o ponto em que se criava uma maturação de todo o processo que permitia a passagem".[223]

O que mais interessa aqui é que essa posição de uma autonomia revolucionária do político entra em polêmica não com quem nem sequer se coloca a questão da revolução, mas com aqueles que procuram se convencer de que reivindicar uma melhoria no modo de produção, adquirir uma capacidade de consumo maior, gerir diretamente grandes parcelas da economia, reforçar a cooperação produtiva dentro do mesmo modo de produção capitalista, governar a metrópole, "salvar o capital de si mesmo", possa, paulatinamente, transportar a sociedade para um tipo de reino cibercomunista. Uma espécie de escatologia secular etapista em "acordo divergente" com a apocalíptica do capital.

A conclusão do discurso de Tronti assumia que a situação revolucionária é verificada, ao contrário, quando as partes se invertem — a famosa "revolução copernicana" do operaísmo —, e é o capital a fazer reivindicações, a demandar, e a classe simplesmente *recusa* —recusa a colaborar com o desenvolvimento, recusa qualquer reivindicação positiva, e relança a luta contra todo o horizonte do desenvolvimento. Isso requer, porém, uma clara postura de recusa da economia como chave da potência, e é até mesmo dito explicitamente que o político é

---

223 org. Fabio MILANA e Giuseppe TROTTA, *L'operaismo degli anni Sessanta: da Quaderni Rossi a Classe operaia* (Roma, DeriveApprodi, 2008), p. 292.

totalmente arremessado contra o econômico, até submetê-lo. É aqui que termina a subalternidade e a classe não é mais "dentro e contra", mas *fora e contra* — o único lugar onde a "classe" se configura em sentido revolucionário. É nesse ponto que o tempo messiânico do fim assume o controle da retórica do fim dos tempos, quando todo dia pode ser o dia do juízo e todo momento contém dentro de si a chance revolucionária. É nesse ponto que o estado de exceção é lançado destrutivamente contra a governamentalidade do capital.

De fato, o uso propagandístico que atualmente é feito do "dentro e contra" de origem operaísta soa mais como uma rendição; é como se a toupeira marxista estivesse convencida de que agora o importante é a comodidade do buraco, uma vez que não se pode mais sair. O "fora", nesses discursos bastante razoáveis, não existe mais, ou ainda, é excluído desde o início, de tal modo que não se pensa mais em um fora. Por isso, a posição do atual primeiro-ministro grego, além de ser *cool*, parecia tão razoável àqueles que querem "tomar o poder". Mas não para seu *demos*, que imediatamente avaliou o que estava em jogo. No confronto do capitalismo, só se pode vencer ganhando o fora e contra, talvez seja apenas no comunismo que vale a pena ficar no dentro e contra.

O equívoco de Tronti nos parece, então, ter sido o de colocar em tensão a relação entre proletariado e classe operária, chegando a desvalorizar o primeiro e apostando tudo na segunda: "[...] diferença entre proletariado e classe operária. A saber, é típico das reivindicações proletárias o seu fracionamento em uma carta de reivindicações positivas, as quais acabam por consistir em um pedido de melhoria das condições econômicas [...], pedido que praticamente é uma reivindicação de melhoria das condições de exploração".[224] Na verdade, parece que aconteceu exatamente o inverso, como o próprio Pasolini diagnosticou, sem lágrimas para as rosas.[225] Em todo caso, é a própria história que se dedicou a desmentir aquela visão, confirmando, ao contrário: "Que, no curso do tempo, o proletariado tenha

---

224 Ibid., p. 294.

225 N. da T.: "Senza lacrime per le rose", uma referência ao nome do poema de Nanni Balestrini (1935-2019), escrito durante uma grande onda de protestos e mobilização política na Itália em 1969. Publicado primeiramente numa coleção de 1976, intitulada Poesie Pratiche, editada pela editora de Turim, Einaudi.

acabado com a possiblidade de ser identificado com uma determinada classe social — a classe operária, que reivindicava para si prerrogativas e direitos — é, desse ponto de vista, o pior mal-entendido do pensamento marxista. Aquela que, em Marx, era uma identificação estratégica — a classe operária como *klesis* e figura histórica contingente do proletariado — torna-se, ao contrário, uma verdadeira identidade social substancial, que acaba necessariamente perdendo a sua vocação revolucionária".[226]

A hipótese trontiana só teria podido vencer se o chamado outono quente italiano de 1969 tivesse se tornado imediatamente revolução operária, mas isso não era mais possível, pois o capital havia começado, já há algum tempo, a reestruturação do governo das coisas e dos homens. A economia política era substituída pela cibernética como meio de governo *e* de produção, as quais entravam, assim, em uma zona de indistinção: toda produção de mercadorias é, imediatamente, produção de controle e, portanto, função de governo.

Por outro lado, a fragmentação do proletariado resultante da reação capitalista só poderia encontrar resposta em uma difusão do conflito, em uma tática da separação ofensiva, na paciente construção de formas de vida revolucionárias, uma estratégia que foi, em parte, seguida na Itália, na medida do possível, pela área da Autonomia. A parcialidade do ponto de vista não se baseia, portanto, em uma classe abstratamente sempre presente, mas exatamente sobre o terreno da forma de vida como *uso habitual, múltiplo e situado na potência*. É esse uso que permite que o devir revolucionário nasça de dentro da massa, desarticulando-a.

O erro do chamado pós-operaísmo, diferentemente, consistiu no fato de que, embora aceitasse o desaparecimento da classe operária como sujeito revolucionário, nunca observou aquela "regra do político" de que falava Tronti na metade dos anos 1960 e, portanto, o proletariado revolucionário desapareceu gradualmente em favor de figuras socioeconômicas que, como tais, só poderiam deter-se no limiar de um certo reformismo iluminado, mantendo, na formação discursiva pós-operaísta, o estatuto fetichista de sujeito revolucionário. Como escreveu Gigi Roggero,

---

226 Giorgio AGAMGEN, *Il tempo che resta — Un commento alla Lettera ai Romani* (Turim, Bollati Boringhieri, 2000), p. 32; ed. bras.: *O tempo que resta — Um comentário à Carta aos Romanos* (Belo Horizonte, Autêntica, 2016), p. 35.

o limite do pós-operaismo é a sua fascinação pela composição técnica do trabalho que, como um truque de mágica, torna-se imediatamente política, fazendo apelo à "emergência automática de um novo sujeito que foi chamado trabalhador imaterial ou por outros nomes".[227] Daí sua degradação no reivindicacionismo, seu irritante ceder às mais óbvias soluções reformistas, seu entusiasmo pela política de direitos, assim como a perspectiva confusa sobre questões igualmente importantes, como a potência destituinte, a insurreição, a própria revolução. No fim, o pós-operaismo parece ter se tornado o socialismo à moda de uma fração da *creative class* — aquela menos interessante, inclusive. Assim, o maior problema dessa posição é considerar as questões postas pelos movimentos como questões econômico-jurídicas, portanto, gerenciáveis e governáveis, ainda que *a posteriori*. Atrás de toda a atual posição "constituinte", na verdade, há sempre essa *economia do movimento*, na qual encalham todos os barcos da esquerda desde os tempos da Segunda Internacional.

A palavra de ordem da Renda Básica de Cidadania, por parte de alguns setores do movimento, por exemplo, não está errada porque seria melhor lutar por salário (como dizem alguns companheiros) nem porque é pouco realista (como sustentam outros economistas de condomínio), está errada porque essa atualização fisiocrática propõe exatamente uma daquelas medidas reformistas com as quais se pensa potencializar a "classe" através de uma reivindicação econômica que amplie a sua capacidade neutra de produção/consumo, porque imaginam que a própria estrutura do "capitalismo cognitivo" crie *por si mesma* as condições do advento do comunismo. Dessa forma, uma vez amadurecidas as condições, com um "proletariado cognitivo" economicamente forte, seria fácil ir além. Aqui o "dentro" nunca se torna "fora", o comunismo é sempre algo exterior e a subalternidade permanece a cifra média da ação política, até porque o capital mantém nessa condição a capacidade, a possibilidade e a força de recusar toda reivindicação econômica. Manter silêncio sobre o fato de que a penetração da *oikonomia* no proletariado é a maneira mais segura de torná-lo massa

---

227 Gigi ROGGERO, *Elogio della militanza — Note su soggettività e composizione di classe* (Roma, DeriveApprodi, 2016), p. 132.

compacta, pequena-burguesia pronta para desempenhar o papel de guardiã da ordem e da economia — ou seja, do Governo. O problema não é sequer o de ser a favor ou contra uma medida do tipo "renda básica de cidadania", o verdadeiro problema é como cotidianamente se vive de tal modo a subverter o espaço que a moeda ocupa nas relações entre indivíduos e grupos para poder enfim modificá-las, dissolvendo a separação mercantil entre os indivíduos e permitindo aos grupos tornarem-se comunas. Como, *na prática*, fazer com que a distância entre um ser e o outro se redefina a partir de uma crítica material do dinheiro. Como podemos garantir que a solidariedade, e não a troca, modele a comunicação dentro da "classe". Se algo como uma renda básica de cidadania tem sentido — e poderíamos aqui ampliar o argumento para muitos outros exemplos do tipo —, ela só o adquire imediatamente *depois* da ruptura revolucionária, como é argumentado em um recente livro com o título benjaminiano de *Primeira medidas revolucionárias*: "O fim da revolução é colocar o dinheiro às margens, abolir a economia; o erro da renda garantida é o de preservar-lhes todas as categorias. Nós não dizemos que seria aberrante, na urgência dos primeiros meses depois da insurreição, dar ainda a alguns uma soma retirada das contas dos ricos ou das multinacionais. Isso permitiria dar à vida o tempo de se reorganizar sem o peso, de um lado, da falta de dinheiro e, de outro, da falta provisória de estruturas que permitam que se viva sem dinheiro".[228] O último Tronti, não obstante seu realismo político pesado, diz algo semelhante em nível estratégico quando escreve: "Estou convencido, por pensamento e por experiência, que uma política moderada, gradualista, reformista, não deve preceder, mas sim seguir o ato revolucionário da tomada do poder, quando isso for indispensável e sob determinadas condições".[229]

O proletariado como classe revolucionária, em todo caso, *nunca* se define por meio de categorias econômicas, mas de sua força destrutiva e da ação da solidariedade que, juntas, constituem a sua *potência* específica. No próprio Marx,

---

228 Eric HAZAN e KAMO, *Premières mesures révolutionnaires* (Paris, La Fabrique, 2013), p. 45.

229 Mario TRONTI, *Dello spirito libero*, op. cit., p. 240.

o proletariado nunca é definido como classe econômica; com linguagem messiânica, ele escrevia que o proletariado "é a dissolução *efetiva* desse ordenamento do mundo". A classe revolucionária é destituinte ou não é.

Por isso, toda vez que os acontecimentos da atualidade são descritos em termos de "composição social da praça" surge uma certa suspeita — que, no fundo, é um sociologismo de retorno que humilha as melhores intuições do operaísmo —, o mesmo acontece quando a subjetividade que ali se exprime é desclassificada sob um epíteto *econômico*: precários, *knowledge workers* ou simplesmente cidadãos "trabalhadores" e/ou "consumidores". O processo revolucionário só o é se empurrar a economia para as margens da existência coletiva e, durante seu avanço, dedicar-se a destituir *toda* relação de produção. A economia política é sempre política capitalista e a política do capital é a economia. Portanto, não basta a crítica da economia política para nos tornarmos revolucionários, é preciso destituir a economia como categoria metafísica e tecnologia de domínio, e isso só é possível se formas de vida destituintes e práxis revolucionárias se tornarem um único plano de consistência.

Mas voltemos à Argentina de 2001.

Recordamos o slogan destituinte daqueles dias, depois retomado por todos os grandes movimentos dos últimos anos, que dizia: "¡Que se vayan todos! ¡Que no quede ninguno!". Se o sucesso mundial desse slogan confirma a natureza paradigmática do acontecimento argentino, é preciso também dizer que a segunda parte dessa frase foi frequentemente removida, apesar de ser a que contém a indicação estratégica fundamental. Aquele "nenhum" afirma, de fato, que na visão estratégica da insurreição não estão previstas exceções à destituição — e isso representa, na verdade, o seu estado de exceção específico — e que *depois* não haverá um novo representante para tomar o lugar do destituído. Quando se ignora esse trecho do enunciado, como no Egito depois da "revolução" de 2010, acontece que um poder ainda pior que o precedente ocupa o lugar que aquelas palavras, na verdade, queriam esvaziar definitivamente.

Se o levarmos a sério, esse slogan é de uma simplicidade desarmante e também de uma arrogância encantadora. *Todos* devem ir embora significa que: todos os governantes, todos os patrões, todos os mentirosos, os politiqueiros, os medrosos, os dirigentes, os corruptos e os corruptores, devem ir embora. Ir embora, não ser fuzilados ou guilhotinados, simplesmente ir embora, *agora*. Essa é a violência destituinte. O fato de que não deve permanecer nem mesmo um é evidentemente um aviso preliminar aos oportunistas que nunca faltam nas revoluções, aos que querem aproveitar aquele momento para entrar no governo, aos que imaginam a insurreição como uma alternativa às eleições, mas com o mesmo resultado, aos que pensam que, no fundo, é preciso salvar o capitalismo de si mesmo, aos que argumentam que podem se tornar líderes de uma nova época histórica que se encarna em um mísero parlamento, aos coveiros de profissão que crescem como fungos cancerosos sobre o tecido de todo levante. Isso é um programa? Evidentemente não, mas contém uma força que nenhum programa eleitoral jamais terá, aquela da justiça. Aquele "não reste nem mesmo um" sugere, além disso, que o centro do poder, uma vez destituído o Governo, ficará vazio, mas que esse vazio não será mais escondido, invisível como é agora, e sim exposto como tal, ou melhor, será a exposição da an-arquia.

Assim escreveram os companheiros do Situaciones: "O descolamento das potências populares na cidade atualizou a imagem recorrente da Comuna". Na época dos acontecimentos argentinos, os movimentos antiglobalização, aturdidos pelos eventos genoveses e rapidamente perdidos no movimento contra a guerra, não entenderam a importância do que ocorria naquele país, e muito menos a referência à Comuna, continuando ainda, por alguns anos, naquela dispersão inerente ao ativismo político ocupado em se propagar e se dispersar no plano global, sem se ocupar muito dos lugares onde se conduzia a vida cotidianamente, onde a cibernetização avançava a passos largos. A Comuna, de fato, só existe quando há um "território" a desfazer, um lugar a partir do qual e para o qual se mova; parece que a Comuna surge não apenas quando se coloca em discussão o estado de coisas atual, a partir de um determinado lugar, mas quando aquele lugar excede a si mesmo, à medida em que começa a se configurar como uma nova maneira de habitar o mundo. Na Argentina, as novas formas de estar junto e de habitar contra a metrópole, a difusão de uma ética revolucionária, são coisas que começaram a aparecer anos antes da insurreição de 2001. As Mães da Praça de Mayo foram *verdadeiramente* as mães daquela Comuna.

Nas lutas dos últimos anos, a recorrência tão típica dos movimentos revolucionários — a Comuna é uma invariante na tradição dos oprimidos, das comunidades protocristãs à Münster anabatista, chegando àquela de Paris de 1871 para alcançar até a China da Revolução Cultural e o 1968 em todo o mundo — reemergiu em mais pontos do globo, das *docas* de Oakland até a praça Taksim na Turquia. Lembrando que a última aparição do movimento antiglobalização, na contracúpula em oposição ao G8, em 2007, em Rostock, Alemanha, marcou uma profunda mudança de estratégia dos movimentos em nível internacional. As International Brigades assinalaram o comunicado sucessivo à rebelião que deu início à *verdadeira* cúpula com o slogan "Vida longa à Comuna de Rostock e Reddelich!". Com isso, a rota foi traçada.

O Coletivo Situaciones iniciava a análise da insurreição argentina com um gesto teórico notável, definindo-a não como um grande movimento social ou como uma prática política, ainda que extraordinária, mas como "uma operação ética". Saber fazer essa distinção entre movimento social, práticas políticas e operação ética não é um exercício fácil, habituados que somos a colocar a etiqueta homogeneizante de "movimento" ou "política" sobre uma variedade extrema de eventos e processos, sem ter claro nem mesmo o que se deve entender por estas palavras. Na verdade, se pensarmos bem, os movimentos sociais dos quais efetivamente se fala, só existem quando não há uma insurreição ou uma revolução em curso. Um movimento social pode marchar pelas cidades e talvez bloquear as estradas, ocupar as casas e, se tiver força, proclamar uma greve, mas é sempre um povo que nasce em uma insurreição, uma classe que se constitui em uma revolução, um sopro de existência qualquer que as realiza. E há ainda as experiências — pensamos em Notre-Dame-des-Landes ou no Vale de Susa, mas também nas comunas curdas do Rojava e naquelas zapatistas da Selva Lacandona — que seria um erro pensar em termos de movimentos sociais, pois na verdade são experiências revolucionárias nas quais a autonomia, o habitar e a auto-organização já são realidades — "mundos novos", como os chama Raul Zibechi.

Os movimentos sociais, na verdade, são destituídos pela insurreição, submetidos a uma pressão tal que a escolha que os confronta não prevê alternativa exceto soltar-se no devir revolucionário ou dobrar-se, retomando as velhas práticas e, na maior parte dos casos, dissolver-se no nada. Os companheiros argentinos, ao contrário, no desdobrar dos acontecimentos de 2001, registraram uma transformação veloz, profunda e difusa das "subjetividades radicais" envolvidas, as quais, diferentemente daquelas chamadas "subjetividades de mercado", agiam sobre um plano "concreto" e, portanto, "restrito", dois elementos que definem aquele momento específico como "situação", e que, por outro lado, são as características que, sempre segundo eles, permitem a quem age de maneira "situacional" subtrair-se às "redes biopolíticas". Tal atividade de subtração é pensada pelo coletivo argentino como um dos elementos fundamentais dentro de uma estratégia ofensiva mais ampla, considerando que o poder contemporâneo não funciona mais "por meio de instituições estatais, mas mediante a intervenção direta dos fluxos dos capitais, das formas de consumo e da sociedade do espetáculo". Ainda era cedo, em 2001, para o amadurecimento de um pensamento estratégico que individuasse, nas infraestruturas, na logística e na própria arquitetura metropolitana, os nós essenciais desse poder dos fluxos. Mas a indicação era exata e foi verificada apenas poucos anos depois, do outro lado do mundo. De todo modo, não devemos ignorar o fato de que a insurgência argentina foi conhecida no mundo com o nome subjetivo de *piqueteros*, exatamente porque a principal forma de combate consistia em piquetes generalizados que bloqueavam os principais fluxos econômico-políticos da cidade. Interromper os fluxos significa agir diretamente sobre redes de controle e despedaçar a representação que projetam, aquela de um mundo unificado e mantido vivo pela ubiquidade de um sistema tecnopoliciâlesco. O espetáculo, a mercadoria, a política, as infraestruturas constituem o aparato de governo que modela as subjetividades contemporâneas a partir do ambiente securitizado que cada um desses dispositivos põe em ação ao dobrarem um no outro, até chegar ao momento atual, quando se projetam "cidades inteligentes" que favoreçem a autonomia dos dispositivos conexos entre si, tanto no nível individual quanto no da população.

É assim que todo indivíduo singular se torna, ao mesmo tempo ou em corrente alternada, uma mercadoria, um policial, um ator e, especialmente, uma infraestrutura. Por isso, não existem mais as "massas" verdadeiramente, no sentido moderno do termo, e aí está algo mais sobre o qual se elaborar o luto. Sobretudo por isso o terreno do conflito é de natureza ética: a administração dos fluxos é diretamente produção e gestão das subjetividades. Eu, você, ela, nós, somos todos infraestrutura. Se esta última afirmação parece um pouco arriscada, faça um experimento simples, privando-se de seu celular, de seu computador e de seu cartão de crédito por um mês: não só começarão a duvidar de sua existência, mas tudo ao seu redor começará a suspeitar de você. Como infraestrutura vivente, todos os seres humanos são *obrigados* a fazer passar através de si informações, sinais, dinheiro; quanto mais se faz vazio, mais fluxos podem passar através daquele apêndice que vive sob o nome arcaico de corpo; ou melhor, é parte integrante da atividade dos fluxos capitalísticos esvaziar-nos de todo possível impedimento à sua circulação, como afetos intensos demais, ideias com muitas consequências práticas ou verdades extremas demais. Por outro lado, quanto mais impedirmos esses fluxos de fazer serenamente o seu trabalho sobre nós, mais a existência se faz plena, ou seja, algo a que não estamos acostumados e que poderíamos facilmente confundir com um mal-estar ou uma verdadeira doença. Muitos dos *sintomas* que nos afetam e que vêm frequente e voluntariamente classificados como sinais de depressão, melancolia ou neuroses, estão exatamente nos alertando para o fato de que esfolamos *a* vida ou, ao menos, inadvertidamente, sabotamos a infraestrutura da qual somos um nó. Transformar o sintoma em força e organizá-la faz parte do devir revolucionário.

Se, como defendia Foucault, o objetivo do Governo é conduzir condutas — agindo, portanto, no nível da ética —, hoje isso é perseguido por meio de uma sutil e potente rede infraestrutural informada por um comando cibernético. O horizonte estratégico da luta contra as infraestruturas não pode ser considerado como tal sem assumir que ele requer as singularidades, as comunas, os devires revolucionários para lutar contra o que resta da infraestrutura em cada um e em todos nós. O lema *Você deve mudar sua vida*, que hoje aparece inscrito em toda insurgência, significa, desde o início, *você deve destituir seu Eu para liberar o si e, portanto, entrar em contato com o que há de comum em cada um*. Este é o *incipit* e o limite último de todo gesto revolucionário atual.

Já é tempo de afirmar que qualquer um que negue ou subvalorize o valor ético do desenvolvimento da conflitualidade histórica é, na melhor das hipóteses, um ingênuo, e, na pior, um inimigo. Foucault, nos seus cursos no Collège de France, mostrou que a força do domínio burguês é constituída, mais do que por fatores econômicos, foi construída ao longo de dois séculos de luta ética, de transformação da moral, de ditadura generalizada sobre os comportamentos. Ainda uma vez: é a luta em torno da definição da forma de vida que, por sua vez, define os termos do comando e da resistência.

A crise social está na nossa sombra há décadas e terminou com o soterramento da "sociedade". Assim se determinou a ultrapassagem de um limiar crítico que redefine a atual como uma crise de civilização, em razão da desintegração daqueles princípios que a mantiveram em pé durante toda a modernidade. Esse o cenário a partir do qual e no qual dizer revolução equivale a dizer construção de formas de vida destituintes. E é um cenário, como sempre, de guerra civil.

Recentemente, ironias estúpidas foram feitas sobre a guerra civil por parte de uma classe docente que se deleita em ocupar-se com a política, mas nenhuma dessas críticas foi além do cacarejo nervoso. Ora, o problema da guerra civil, como paradigma do político, não está na sua exaltação e muito menos na sua negação, a questão é simplesmente compreender os modos e o que está em jogo na luta. No seu curso sobre a *Sociedade punitiva*,[230] Foucault é muito claro quanto à centralidade do paradigma da guerra civil, cuidando também de dizer que a "negação da guerra civil, a afirmação de que a guerra civil não existe, é um dos primeiros axiomas do exercício do poder [...] a guerra

---

230 Michel FOUCAULT, *La societé punitive — Cours au Collège de France 1972-1973*, org. Bernard E. Harcourt (Paris, EHESS/Gallimard/Seuil, 2013); ed. bras.: *A sociedade punitiva — Curso no Collège de France* (São Paulo, Martins Fontes, 2016).

civil é o acidente, a anomalia, e o que é preciso evitar na própria medida em que é a monstruosidade teórico-política".²³¹ Os pseudofoucaultianos de plantão, que no final são os verdadeiros hobbesianos, no sentido em que se diz maquiavélicos, são servidos assim: resolvam isso com Foucault.

Foucault não disse que a guerra civil é uma exceção no desenvolvimento da conflitualidade histórica, mas que é a guerra civil — e não a luta de classes — o *estado permanente*: a guerra civil é "a matriz de todas as lutas pelo poder, de todas as estratégias do poder e, por conseguinte, também a matriz de todas as lutas a propósito do poder e contra ele".²³² A análise continua minuciosamente com o esclarecimento da diferença entre guerra civil e guerra social. A "guerra social" não é a do proletariado contra os patrões e sim "a guerra dos ricos contra os pobres, dos proletários contra aqueles que não possuem nada, dos patrões contra os proletários".²³³ O terreno do social sempre foi aquele sobre o qual o poder teve jogo fácil — certamente, não é a fonte da revolução.

Resumindo rapidamente a tese de Foucault: 1) nunca há uma guerra civil que não seja imediatamente um caso coletivo, um confronto entre coletividades; 2) a guerra civil não só põe em cena esses grupos, essas coletividades, mas constitui novas coletividades; 3) a guerra civil nunca é anterior à constituição de um poder, nem necessariamente o elemento que o faz desaparecer, isso é algo que, em todo caso, acontece "dentro do elemento de poder político estabelecido";²³⁴ 4) a guerra civil reativa fragmentos do passado, como compreenderam bem Walter Benjamin e Furio Jesi, e os próprios tumultos visam menos destruir os elementos simbólicos do poder do que tomá-los para fazer com que joguem de outra forma, portanto, há reativação, destruição e profanação do aparato simbólico dominante; 5) o mesmo exercício cotidiano do poder deve ser considerado como guerra civil e, definitivamente, "se é verdade que a guerra externa é o prolongamento da política, é preciso dizer,

---

231 Ibid., pp. 14-15 [13].
232 Ibid., p. 15 [p. 13].
233 Ibid., p. 22 [p. 21].
234 Ibid., p. 30 [p. 30].

reciprocamente, que a política é a continuação da guerra civil".[235] Na narrativa foucaultiana, a guerra civil substitui substancialmente o papel que a luta de classe tinha no materialismo histórico, ou melhor, torna a luta de classes um episódio intermediário na história eterna da *stasis*. E, se na época moderna analisada por Foucault, no centro da produção estatal na guerra civil estava o inimigo criminoso-social — o inimigo da sociedade —, hoje, com toda evidência, está o inimigo criminoso--terrorista — o novo inimigo absoluto da humanidade. E assim como o delinquente social era um produto das forças interagentes do capitalismo e do Estado, por meio do qual se buscava negativamente produzir e ordenar populações inteiras, hoje, o mesmo se aplica à figura do terrorista, exprimindo-se na seguinte tese: *o antiterrorismo é um método de governo das populações que produz o próprio objeto*.

Se o objetivo da produção de subjetividade moderna era o de constituir uma força de trabalho disciplinada, hoje é fazer com que cada ser humano seja um bom cibercidadão, mas ambos servem ao mesmo propósito: reproduzir o presente, *fazer* economia. O problema de fundo do Governo é, de fato, invariável: como reduzir ou eliminar totalmente os comportamentos que a ética do capitalismo julga antiprodutivos, desordenados, ociosos, absenteístas, antieconômicos, cada comportamento sendo considerado não como um vício moral e sim como um verdadeiro *ethos*? A novidade está no fato de que, se a prisão aparecia na modernidade como uma tática produtiva sobre o terreno da guerra civil, há muito tempo as questões se colocam de modo essencialmente diferente, problemas que a cibernética tentou responder após a Segunda Guerra Mundial, e que produziram a doutrina atual do governo securitário. Estrategicamente, o que guia o Governo nas suas táticas de guerra civil hoje é, de um lado, a relação entre territórios e governamentalidade e, de outro, a produção forçada de uma relação entre um não-sujeito e as máquinas para a produção de sujeitos. O elemento ético se encontra, portanto, não só no centro da conflitualidade histórica, mas também nas suas margens, em toda parte.

---

235 Ibid., p. 34 [p. 34].

Assim, é preciso prestar atenção e não confundir a *situação*, como sublinha o Colectivo, com o conceito de *local*, porque "a situação consiste em afirmar que o todo não existe separado *da* parte, mas que está *na* parte"; ao contrário, o local, o particular, parece existir somente em relação ao todo globalizado, lá onde todo afeto, prática ou pensamento é parte daquele todo e, portanto, não contém em si nenhuma verdade determinada, enquanto a totalidade que garante a coerência da globalidade se faz sempre mais abstrata e inalcançável. Nessa importante passagem, retoma-se o *dictum* trontiano sobre a totalidade que pode ser agarrada e afrontada somente de uma parcialidade, mas desse trecho teórico pode ser feito um uso diverso, ou seja, começando por substituir a "subjetividade política" pela "situação", sendo a primeira uma categoria que os argentinos reconhecem como já insuficiente, ou ainda, deletéria no presente, escrevendo: "O novo protagonismo social não é, todavia, um 'novo sujeito'".

O próprio Tronti, como vimos, pouco tempo depois da publicação daquele livro e em correspondência com a revolta dos *banlieues* na França, em uma importante entrevista significativamente intitulada "poder destituinte", considerava que a questão se abre hoje nesses termos exatamente porque não há mais o Sujeito sobre o qual as revoluções do passado se apoiaram para desenvolver o poder constituinte: se há sujeito, há poder constituinte e vice-versa, mas se falta um, falta também o outro. Porém, este é também o ponto de bloqueio da análise trontiana, que não conseguiu dar uma definição positiva de poder destituinte naquele contexto, e ao qual nunca mais retornou. Pelo menos não por escrito. Entretanto, existe uma vídeoentrevista em que Tronti não diz muito mais sobre a questão, mas profere uma frase bastante importante, que ajuda a delinear uma definição, embora negativa.[236] Tronti, substancialmente, sugere que dizer *poder* destituinte não é correto, é uma contradição em termos, porque o poder só pode ser constituinte, dando indiretamente razão a alguém como Giorgio Agamben, que preferiu, mais tarde, falar de *potência* destituinte. Convenhamos

---

[236] *Alcune domande a Mario Tronti*. Roma, 4 de abril de 2014, organizado por Oreste Scalzone, Giuseppe Mulè e Alessandro Scalondro. Disponível em: www.youtube.com/watch?v=6l3sJl1sUBI.

que a distinção não é só formal. *Onde há o constituinte, há poder e vice-versa; onde há destituição, há potência e vice-versa.*

Na substituição do sujeito pela situação, vemos uma intuição estratégica. O desaparecimento do sujeito como centro da ação é substituído por algo diverso que compreende em si um lugar e uma forma de vida para adquirir uma certa consistência e duração. Lugar e forma de vida que, no conflito, se tornam indiscerníveis, tornam-se mundo: esses *são* a forma de organização que, segundo Tronti, falta aos movimentos sociais. E colocam no centro também a nova contradição fundamental: não mais o salário, o trabalho, o bem-estar, como continuam a pensar os pós-operaístas, os pós-marxistas e os pós-democratas, mas a própria *vida*, em torno da qual se organiza a trama das lutas e sua eventual verticalização.

Essa substituição do sujeito político por aquilo que Franco Piperno chamaria *genius loci* é de uma grande importância e só dessa maneira podemos compreender melhor a trama de muitas das lutas contemporâneas. A própria ocupação de Zuccotti Park, em Nova Iorque, durante o movimento Occupy, é incompreensível sem assumir esse ponto de vista. É certo que, se pensarmos neles como "movimentos", os experimentos ocidentais dos últimos anos não fracassaram de fato: não podemos pedir aos movimentos sociais que compensem a ausência de força revolucionária. Se quisermos pensar nos termos de uma força histórica destituinte, então devemos nos colocar o problema da consistência difusa do "nosso partido" e da sua potência ofensiva. É nessa direção que devemos ler muitas das experiências sucessivas nascidas depois da cessação daqueles movimentos destituintes, ou melhor, construídas sobre seus *restos*; experiências de construção de "bases vermelhas" nos quarteirões da metrópole, em ligação com aquelas nascidas nos campos, nas montanhas e com todas as experiências irmãs ao redor do mundo.

Segundo Situaciones, o gesto que experimentaram é, portanto, o de assumir a política em uma operação ética: "Parece-nos que uma ética tem, de todo modo, duas partes: a) a subtração em relação às condições dadas e b) a afirmação na situação que transforma a determinação em uma condição". Essa é uma passagem importante retomada ofensivamente também no recente livro do Comitê Invisível, *Aos nossos amigos*, quando escreve:

"Entrever um mundo povoado não de coisas, mas de forças, não de sujeitos, mas de potências, não de corpos, mas de elos. É por sua plenitude que as formas de vida alcançam a destituição. Aqui, a subtração é a afirmação e a afirmação faz parte do ataque".[237] A única diferença importante entre o primeiro e o segundo enunciados consiste na compreensão de que não há duas partes, dois aspectos distintos, dois tempos, mas um único e mesmo gesto.

Se a grande descoberta do coletivo argentino foi que a insurreição que tínhamos vivido se apresentava, a rigor, "sem sujeito", onde verificá-la melhor se não na linguagem? As palavras tinham, improvisadamente, começado a circular de modo diferente: "ressoavam juntas com o *cacerolas*, mas sem substituí-lo".[238] Não faziam nenhuma pergunta ou reivindicação. Não transmitiam nenhuma forma de sentimento constituído: "as palavras não significavam, só ressoavam". Eram os sons de uma festa, uma festa à fantasia que procedia sua transformação em insurreição. Como não recordar os sons selvagens da ocupação da Fiat, em Torino, em 1973, ou a assignificância programática do Movimento de 1977 — ambos acontecimentos que englobam a experiência da Autonomia italiana? E como não pensar que aqueles dois movimentos da nossa história revolucionária sejam, efetivamente, dois grandes exemplos, ainda que na sua falência cintilante, do que quer dizer uma "política destituinte"?

O tema da "ressonância" é particularmente adequado para mostrar o modo específico como se difunde o espírito da insurreição destituinte, ou seja, como um ritmo musical. Ainda segundo o Comitê Invisível: "Um movimento revolucionário não se difunde por contaminação, mas por ressonância. Algo que se constitui aqui ressoa com a onda de choque emitida por algo que foi constituído ali. O corpo que ressoa o faz segundo seu modo próprio. Uma insurreição não é como a propagação da peste ou do fogo em uma floresta — um processo linear que se estenderia com o contato aproximado a partir de uma faísca inicial. Em vez disso, é algo que toma corpo como uma música, e cujos focos,

---

237 COMITÉ INVISIBLE, *À nos amis*, op. cit., p. 79; ed. bras.: *Aos nossos amigos*, op. cit., p. 94.

238 N. da T.: "Cacerolas" ou "cacerolazos", mobilização como o "panelaço" no Brasil.

ainda que dispersos no tempo e no espaço, chegam a impor o ritmo de suas próprias vibrações. Tomando sempre mais consistência. Até o ponto em que qualquer retorno à normalidade não possa mais ser desejável, ou mesmo concebível".[239]

A insurreição de 19 e 20 de dezembro prescindiu de qualquer forma de organização centralizada, o que frequentemente foi interpretado como uma falta ou um defeito, mas que, naquele contexto, revelou-se como sua verdadeira força. Isso porque, como dizem os de Situaciones, foi algo que se deu por meio de uma elaboração coletiva que excedeu qualquer estrutura organizada que, assim, foi impedida de hegemonizar e simbolizar a constituição de um movimento. A tese que avança é que "a neutralização das potências do Estado, da parte de uma reação múltipla, foi possível por causa da inexistência de convocações e organizações centrais, portanto, bem longe de constituir um limite do movimento". Não permitir *aquela* centralização da insurreição não significa ser desorganizado, mas colocar a questão da organização de uma forma que deseja ser e permanecer imanente a qualquer "situação", a qual, ressoando com todas as outras, cria o plano de consistência da Comuna, sobre um nível sempre mais amplo. Como em outras vezes na história, o significado revolucionário das palavras centralização e verticalização está em pôr a capacidade ofensiva no centro, a possibilidade de romper, em muitos pontos, a mecânica inexorável da temporalidade governamental. A verdadeira centralização é na potência de parar aquele tempo — disparar contra os relógios — e de construir formas de vida revolucionárias. A verdadeira verticalização está na capacidade de exprimir a força material em termos ofensivos e defensivos, e também naquela de elaboração de uma espiritualidade capaz de perceber a beleza de uma paisagem e construir um muro de escudos diante das falanges do niilismo cibernético. O encontro das duas dimensões configura o diagrama da organização revolucionária, cujo plano de imanência é global, quando sua existência material é situacional, tornando as duas dimensões permeáveis, porosas, diria Benjamin.

---

239 COMITÉ INVISIBLE, *Mise au point*, disponível em: https://rebellyon.info/Mise-au-point-du-Comite-Invisible.

Em termos estratégicos, observam os argentinos, havia antes uma sensível diferença em relação às insurreições do passado no que concerne à temporalidade; de fato, o movimento não se organizou com base em promessas de futuro, mas sim procurando imediatamente a própria satisfação: nenhum programa, nenhum desdobramento, nenhum futuro que cante, mas o fim da espera perpétua e a abertura dos devires, no agora da insurreição.

De fato, concluem os argentinos, aqueles dias foram "uma ação *destituinte*" e não "um clássico movimento *constituinte*". Para eles, por exemplo, isso era evidente no fato de que não se combatia para criar "uma situação das situações", ou seja, uma forma de centralização que deveria substituir aquela estatal. A destituição aparecia claramente como aquela operação que postula como meio revolucionário puro o gesto político que não precisa de nenhuma forma representativa e, portanto, de soberania. A hipótese política, a aposta que se faz neste livro, enuncia-se deste modo: "a positividade da negação tem raízes na destituição das formas políticas, representativas e institucionais, e nos devires que inaugura". E é exatamente esse não se exaurir em uma "nova conjuntura política", ou em ganhos políticos tradicionais imediatos, que permite aos acontecimentos insurrecionais, como os de 19 e 20 de dezembro de 2001, adquirirem um valor de irreversibilidade paradigmática, que é a sua verdadeira vitória, a qual, portanto, não é identificável em um progresso, e sim na alteração sensível da temporalidade, levando-nos a uma nova tonalidade afetiva do devir revolucionário.

Um outro tema abordado pelo Situaciones, sempre recorrente em toda onda revolucionária, é aquele sintetizado na questão da violência, tanto estatal como insurrecional. É importante recordar que, naqueles dias, foi decretado o estado de sítio na Argentina, mas a inteligência da insurreição consistiu em não aceitar um confronto com o poder estatal, e explorar a possibilidade de "esvaziá-lo", neutralizando e dispersando a polícia graças à não centralização do movimento e, por outro lado, em não projetar nenhuma reivindicação, mas simplesmente expor uma forma de vida destituinte; substancialmente, buscando e encontrando uma maneira *assimétrica* de combater tanto no nível da tática — ou seja, na luta de rua — como no da estratégia —

a construção da Comuna. Trata-se de uma outra maneira de afrontar taticamente a batalha, com formas de violência insurrecional "absolutamente 'desreguladas', que não preveem mediações e não expõem regras explícitas de envolvimento, regulando-se autonomamente por meio de códigos incompreensíveis para agentes externos", escreve Situaciones. Aquela potência que sabe ser porosa para seus amigos e totalmente impermeável ao olhar externo ganhou uma enorme força. Esse aspecto da opacidade das forças revolucionárias em relação ao olhar do inimigo é um argumento importante, aliás, já notado por Walter Benjamin, e que não se limita só ao movimento da revolta, mas se torna um verdadeiro *habitus*: "àqueles que pertencem a uma das duas classes — a dos dominadores ou àquela dos oprimidos — pode parecer útil ou atraente observar os que pertencem à outra classe: mas ser objeto de um tal olhar é percebido como desagradável ou até perigoso. Produz-se, assim, a disposição para desviar imediatamente o olhar do inimigo de classe".[240] Tanto mais importante é esta reflexão em um mundo como o nosso, em que a distopia paranoica do poder de "ver tudo e sempre" é uma das principais tecnologias de governo. Desenvolver a própria invisibilidade em diversos níveis e graus não é um adereço, é um dos modos essenciais pelos quais um devir revolucionário pode perseverar em seu próprio ser. Porém, é importante prestar atenção: por invisibilidade não se entende a organização de cenáculos de conspiradores de profissão ou mesmo de sua clandestinidade, e sim uma maneira de deformar a percepção da presença ou da ausência do elemento subversivo em campo hostil.

Além disso, em casos como aquele argentino, não existe o problema da legitimação da violência insurrecional, escreve o Situaciones, porque esta é "autoconferida". Claro, dizer isso, de certa forma, é uma banalidade porque, por definição, não existe nenhuma insurreição que possa ser legitimada por qualquer instituição preexistente. À crise de legitimidade do poder não corresponde qualquer forma de legitimidade institucional dos revolucionários, que poderia ser revogada em um momento por qualquer ator que, de um jeito ou de outro, seja mais forte institucionalmente.

---

[240] Walter BENJAMIN, *Charles Baudelaire* (Vicenza, Neri Pozza, 2012), p. 25.

A insurreição tem só um modo para durar e se transformar em revolução: permanecer porosa e viva, acessível e determinada, expansiva e territorializada. A revolução só é vitoriosa se instaura um estado de exceção permanente que lhe permite, suspendendo indefinidamente a validade da Lei, não se fechar nunca, não *terminar* nunca em uma Instituição. Ainda uma vez: a revolução é um estado de fato, não um estado de direito.

O contexto insurrecional é, portanto, assimétrico, no qual não valem as regras da guerra clássica com declarações de guerra seguidas por um reconhecimento mútuo — que é a armadilha em que caíram alguns na Genova do G8 daquele mesmo ano. As lutas têm em si mesmas o próprio critério de justiça e nisso — como diz Situaciones — reside o "fundamento da assimetria fundamental". E a assimetria se mostra imediatamente no uso da violência expressa de um lado e de outro: enquanto o aparato governamental age sobre a população, tentando reportar qualquer um à dimensão da individualidade nua, incitando o medo e a delação, a insurreição age sobre os elos, dissolvendo-os e recriando outras formas, formando comunas e concatenações coletivas que ressoam e potencializam a tomada do tempo e do espaço, ou seja, do mundo.

A característica essencial do processo de destituição é que ele não opera para a instauração de novas instituições, mas para a construção de mundos, permanecendo, assim, fiel à virtude a-representativa da insurreição, relançando o processo revolucionário nos múltiplos devires que as suas forças conseguem exprimir. Aqui, então, como dizia Francisco de Assis sobre sua Regra, a questão deve ser entendida *sine glossa*. O "que se vayan todos" não requer especialistas que traduzam o que o texto sugere fazer, mas gestos que cristalizem uma situação e levem à realização do que o anúncio *já* proclamou.

Não há nenhuma subjetividade política que seja investida do título de Sujeito da destituição, e os companheiros do Situaciones, talvez em sua ingenuidade, tentaram nominar o "quem" da insurreição, fiando-se em um fraco conceito de "novo protagonismo social" que, evidentemente, não quer dizer nada. Porém, eles dizem outras coisas sobre esse não-sujeito que são de algum interesse. Por exemplo, argumentam que, diferentemente da subjetividade política clássica, ele tem um "não saber" da situação, que não significa simplesmente ignorância, mas a admissão de que não existe um saber universal válido em qualquer parte e de qualquer maneira. O fato de que não haja uma linha de massa emanada de um centro, sustentam os autores, não significa que não haja nada para fazer, muito pelo contrário, quer dizer que este "fazer" deve assumir, na situação, o quanto há nela de "inédito e incerto". A destituição do suposto saber vai de par com o abandono das garantias que a velha subjetividade parecia assegurar. E é somente assim que, conclui Situaciones, "chegamos a um território onde a criação está na ordem do dia". Neste último apontamento, temos um exemplo do que signifique tornar inoperante a política.

A insurreição destituinte, na medida em que indica uma multiplicidade, não conhece exclusão/inclusão possível, ela se realiza por meio da criação de formas de vida destituintes e, também por isso, como escreviam aqueles do Situaciones, não se trata de dizer que as classes não existem e sim que é o *classismo* como paradigma de leitura que é errôneo, porque "empobrece e reduz a multiplicidade emergente às condições econômicas da qual provém". Todos os discursos que, ao contrário, insistem sobre tal redução, são formas de enunciação que trabalham contra a insurreição, porque é exatamente isso que o poder exige para continuar a jogar o jogo da representação que, por sua vez, reduz-se à tríade "partidos, candidatos, homens de governo". E assim voltamos à situação atual.

UM HORROR ADMIRÁVEL

Para que algo surja, alguém deve desaparecer. A primeira forma da esperança é o temor. A primeira manifestação do novo, o terror.

— Heiner Müller, *Mauser*

Em seu ensaio de 1921, Benjamin expressa o conceito de destituição, em alemão, por meio do substantivo *Entsetzung*, que, originalmente, significa espoliação ou a remoção de algo ou alguém de um lugar ocupado abusivamente. Na Idade Média, o verbo *entsetzen* significava "privar", "derrubar" ou, ainda, reflexivamente, "temer", "evitar", "desviar". Além disso, *Entsatz* e *entsetzen*, antigamente, eram os termos com os quais se indicava a operação militar que deveria liberar do assédio uma fortaleza ou a tropa cercada pelo inimigo — de fato, modernamente, significa simplesmente "liberação". Portanto, é fácil entender como *Entsetzung* e o verbo correspondente *entsetzen* tenham adquirido o significado, também político, de "deposição", "remoção", "destituição". Para Benjamin, trata-se da *remoção* da lei de seu bastião, ou seja, a *destituição* do Estado e, portanto, a *liberação* do proletariado de seu jugo.

Como já foi observado,[241] há um fragmento escrito por Benjamin, subsequente ao ensaio sobre a crítica da violência,

---

241 Ver Irving WOHLFART, "Critique of Violence: the deposing of the law — Walter Benjamin and the Red Army Fiction. Parte 2", *Radical Philosophy* (153), janeiro/fevereiro de 2009, pp. 12-25. Disponível em: https://www.radicalphilosophy.com/article/walter-benjamin-and-the-red-army-faction-part-2.

que se chama *schönes Entsetzen*, que podemos traduzir como o "belo horror" ou o "horror admirável".[242] De fato, o segundo significado do verbo alemão que se estabeleceu em seu uso moderno é o de experimentar "horror" ou "perturbação". Para Benjamin, o uso das palavras era, para todos os efeitos, parte integrante da prática filosófico-política e, portanto, era preciso estar bem consciente da duplicidade perturbadora do termo em questão — liberação e horror, destituição e perturbação.

Nesse fragmento, ele testemunha um 14 de julho em Paris, dia em que tradicionalmente se festeja o aniversário da Revolução Francesa, e descreve sua atmosfera. O que particularmente o impressiona são os fogos de artifício, não por causa do espetáculo pirotécnico em si, mas por causa da emoção que capta nas massas querendo assisti-los e festejando, uma emoção que se expressa como embriaguez generalizada, excitação e, precisamente, horror:

> Será que essa multidão sombria não está esperando por um desastre suficientemente grande para fazer com que faíscas saltem de sua tensão, um incêndio ou o fim do mundo, algo que converteria esse murmúrio suave dessas mil vozes em um só grito [...]? Porque o grito agudo de medo, pânico e terror é o avesso de toda verdadeira festa de massa [...] Para a existência mais profunda, inconsciente da massa, as celebrações e os fogos são o espetáculo no qual se prepara para o momento de sua emancipação, para aquela hora em que o pânico e a festa, reconhecendo-se irmãos depois de uma longa separação, abraçam-se na insurreição revolucionária.

Diferente do frio etnólogo, Benjamin parece *ver* o que o próprio povo *vê* atravessando o entusiasmo da festa revolucionária e, por isso, sente dentro de si o *ritmo* que a percorre e lhe dá forma. De acordo com Furio Jesi, Benjamin vê com os olhos do *vidente* e não com aqueles do *voyer*.[243] Para o próprio Benjamin, "A vidência é a capacidade de ver aquilo que está tomando forma".[244] Assim, a aproximação que Benjamin faz do sentimento festivo e

---

242 Walter BENJAMIN, *Strada a senso unico*, org. Giulio Schiavoni (Turim, Einaudi, 2006), pp. 100-101. O tradutor aqui usa "sedutor horror"; ed. bras.: *Rua de mão única*, vol. 2 (São Paulo, Brasiliense, 1987), p. 273.

243 Furio JESI, *Materiali mitologici. Mito e antropologia nella cultura mileleuropea* (Turim, Einaudi, 1979), pp. 94-95.

244 Walter BENJAMIN, "La fantasia", em *Opere complete*, vol. VIII, op. cit., p. 113.

da espera messiânica, do tempo do fim sinalizado por um incêndio esotericamente destrutivo e esotericamente redentor, reporta a muitos de seus escritos nos quais a catástrofe e a redenção estão como que contidas uma na outra. A turba, exatamente por que é turba, só pode ser *negativa* durante aquela espera, sombria e inconsciente, escreve Benjamin, mas na interrupção do tempo histórico agitado pela festa, ela cruza o limiar, torna-se algo diferente — os homens e as mulheres que se reconhecem depois de uma longa separação, agora e somente agora, são uma comunidade, a qual adquire consciência de si não através da meditação sobre a própria colocação econômico-social, mas sim na festa revolucionária que depõe toda identidade.

Então, temos aqui uma destituição do tempo histórico e uma contemporânea destituição da multidão: o primeiro se torna festa insurrecional, a segunda se torna uma potência revolucionária, ou seja, uma classe solidária e em luta, como mostrou Andrea Cavalletti, comentando um outro passo benjaminiano em seu livro *Classe*. Enfim, também há a destituição do sujeito discursivo, teórico: não só Benjamin dá-se como regra geral nunca dizer Eu no curso da escrita pública, mas também, suspendendo-se como autor e tornando-se vidente, ele desaparece na multidão, no momento em que esta se torna classe, arrastado pela embriaguez, pela festa, pela insurreição revolucionária: um entre os cem mil e sem obrigação de fazer ou mandar fazer algo. Pois, como nota Cavalletti, a verdadeira "teoria da classe revolucionária é ela mesma revolucionária: libera-se da ação e a libera a sua volta".[245]

Mas o que *veem*, ao contrário, todos os outros e, particularmente, os inimigos da revolução, ou melhor, todos aqueles que olham a festa revolucionária somente de fora?

De fato, há duas maneiras possíveis de ler a relação entre a destituição e o sentimento de horror. De um lado, ela pode produzir um tipo de *horror vacui*, um afeto pelo terror diante do vazio que se crê que possa destituir o direito e, portanto, o fim do Estado, o naufrágio do Governo e a abertura de um "reino da anomia". Sem dúvida, esse medo do vazio — o "abismo da liberdade" — é um afeto compartilhado pela direita e pela

---

245 Andrea CAVALLETTI, *Classe*, op. cit., p. 41; ed. port. *Classe. Uma ideia política sob o signo de Walter Benjamin* (Lisboa, Antígona, 2010).

esquerda da tradicional topografia política; direita e esquerda, ambas *externas* ao devir revolucionário — por isso, a verdadeira vanguarda só pode ser interna à classe revolucionária, ao contrário do que é afirmado pelo catecismo marxista-leninista e anarco-insurrecionalista. Uma certa exterioridade só era possível na ausência da classe, mas quando a multidão perde a sua compacidade e a classe revolucionária surge, não existe mais possibilidade de exterioridade, a potência se retrai inteiramente no devir revolucionário. Sua subsequente separação inevitavelmente marcou a derrota da revolução.

Porém, Benjamin acrescenta algo diverso, qual seja, a atenção aos afetos que circulam na turba e às condições pelas quais podem transformá-la em força insurrecional. De fato, ele lamentava a pouca, ou totalmente ausente, capacidade da esquerda revolucionária em compreender essa física dos afetos, à diferença dos fascistas: "Realmente, um conceito ambíguo de massa, a sugestão não vinculante de seu humor reproposta continuamente pela imprensa revolucionária alemã, sem dúvida alimentou ilusões que foram fatais para o proletariado alemão. O fascismo, ao contrário, conseguiu desfrutar dessas leis de maneira excelente[246] — ainda que as tenha intuído, ou nem isso.

De nossa parte, só podemos confirmar a insuficiência com a qual, ainda hoje, esses argumentos são tratados nos círculos militantes e, contrariamente, a habilidade dos fascismos em manipulá-los. Para confirmar isso, basta observar os muitos documentos que desprezam aqueles que, de seu ponto de vista, "fazem poesia", aqueles que se dedicam ao "lirismo revolucionário" ou estão excessivamente atentos ao fato de que uma situação pode, subitamente, tornar-se um "condensador de intensidade", um pouco como no 1977 italiano, em que alguns escritores autônomos foram acusados de dannunzianismo,[247] considerando qualquer forma de intensidade como fatos emotivos sem nenhuma importância tático-estratégica. Essa falta de atenção, ou talvez até desprezo, pelo aspecto ético-existencial faz com que forças que se pretendem revolucionárias, na prática, sejam ain-

---

246 Passagem extraída da nota 12 de *Opera d'arte nell'epoca...*, op. cit.

247 N.do E.: A expressão se refere a Gabriele D'Annunzio (1863-1938), poeta e dramaturgo italiano que desempenhou importantes e excêntricos papéis políticos e militares durante a Primeira Guerra.

da parte da esquerda, cuja tradição impede a ruptura romper com o paradigma econômico para o qual tudo deve depender, em última instância, da Grande Estrutura da Produção, ou seja, de uma exterioridade, e nunca de algo que vem de dentro da própria formação da "classe", de seu *tato*. O olhar economicista impede de compreender as grandes convulsões afetivas, mesmo poéticas, que decidem a sorte de qualquer movimento.[248] Os teóricos e os ativistas de esquerda que hoje discutem amigavelmente os "afetos colocados no trabalho" geralmente só estão interessados em que esses afetos sejam pagos, ou seja, medidos, assim, não parecem contestar de forma alguma o fato de terem se tornado instrumentos econômicos, valorizáveis e passíveis de troca como qualquer mercadoria. Em geral, fala-se das formas de vida como algo que concernindo outra coisa e outros. São completamente cegos em relação à verdadeira força revolucionária dos afetos, que se distingue não por sua alternatividade econômico-política, mas pela potência de construir mundos e de destruir a massa pequeno-burguesa de uma vez por todas.

Por outro lado, de dentro, o horror pode se confundir com um sentido de prazer, exprimindo-se como o outro rosto da festa. Juntos, pânico e prazer, coincidem aqui com o momento da revolta, com o incêndio emotivo da insurreição precedido por aquele instante anárquico que Benjamin capta, com a sua proverbial e infantil exaltação, no grito estático do povo parisiense. O prazer é, além disso, o que está na base de uma nova concepção da experiência do tempo: "Aquele que, na *epoché* do prazer, recordou-se da história como a própria pátria original, levará verdadeiramente em cada coisa essa lembrança, exigirá a cada instante esta promessa: ele é o verdadeiro revolucionário e o verdadeiro vidente, livre do tempo, não no Milênio, mas *agora*".[249]

É esclarecedor o pensamento de Furio Jesi sobre o entrelaçamento entre revolta e revolução, e a problemática relação da primeira com sua imediata criação de "monstros", de "demônios" que *representam* o inimigo, a burguesia, ou melhor, o uso que

---

248 Sobre a experiência poética como experiência subversiva, ver Furio JESI, *Spartakus*, op. cit., p. 6, ed. bras.: *Spartakus*, op. cit.

249 Giorgio AGAMBEN, *Infanzia e storia*, op. cit, p. 111; ed. bras.: *Infância e história*, op. cit., p. 128.

a classe revolucionária faz dos "símbolos do poder",[250] os quais emanam horror e, por isso, merecem que a revolta os destrua, mesmo ao custo de ser destruída por sua vez. Mas, acrescenta Jesi, esses monstros não são o presente, pertencem a um passado, um passado que pode ser exorcizado e destruído definitivamente não na hora da revolta, mas somente em um "depois de amanhã" no qual será instaurada "a liberdade". Assim, de um lado, com Benjamin, é preciso citar o passado também como monstruosidade e horror, destruir seu contexto histórico e fazê-lo reaparecer na forma salvadora que implica a vinda da justiça, mas, de outro lado, Jesi argumenta que é necessário prestar muita atenção ao fato de que, durante a revolta, exatamente por suas características, frequentemente acontece de os revoltosos poderem assumir os valores e as virtudes propagandeadas pelo inimigo — no caso analisado em *Spartakus*, a honra e o sacrifício, por exemplo. Hoje em dia, porém, quais seriam as virtudes dos dominadores? Certamente não são as de um Thomas Mann, tampouco estão disponíveis as da velha tradição comunista, portanto, a questão é sobre uma ética revolucionária que deve ser constituída *agora*, por isso a atenção à elaboração das formas de vida é tão fundamental. Temos à disposição todo o passado dos vencidos, toda a história dos oprimidos e toda a atualidade, a difícil atualidade, das nossas existências, para construir uma ética mais forte que a economia moral dos dominadores.

Mas se a revolução fala ao hoje e prepara o amanhã, escreve Jesi, a revolta vive no tempo suspenso entre o anteontem e o depois de amanhã: ela não prepara o depois de amanhã, mas o evoca e "suscita sua epifania antecipada (junto com a derrota do hoje)",[251] também por meio da devastação contraditória dos monstros do passado. A insurreição, que podemos definir como uma codificação extensiva e intensiva das revoltas e dos comportamentos destituintes, não suscita consciência de classe, e sim da espécie; usa os símbolos da reação, profanando-os para exasperar o inimigo; não trabalha a longo prazo, mas a longuíssimo. A ruptura revolucionária é necessária, então, para criar o lugar e o tempo nos quais lutar para cumprir a construção das nossas

---

250 Furio JESI, *Spartakus*, op. cit., p. 34 e ss; ed. bras.: *Spartakus*, op. cit.
251 Ibid., p. 84.

formas de vida. É provável que devamos, a esta altura, pensar em inverter a clássica sequência e, a partir da interrupção provocada pela insurreição, dispor a revolução no âmbito da tática e a revolta no da estratégia, e extrair as devidas consequências.

Escolher, decidir qual sensibilidade ao horror e ao prazer seria mais adequada equivale a escolher entre catástrofe e redenção, entre *continuar assim* e *cessar*, entre a apocalíptica e infinita certeza do nada e a messiânica possibilidade de uma *vida nova*.

A cada um a sua máscara.

Mas a Revolução é a máscara de todas as máscaras.

Roma, 27 de outubro de 2016.

sobre o autor

Marcello Tarì, italiano, é um pesquisador independente, ou, como se autodenomina, um pesquisador de "pés descalços", também um historiador da subterrânea subversão italiana e um filósofo da destituição. Viveu nos últimos anos entre a França e a Itália colaborando para inúmeras revistas, livros e lutas metropolitanas. De forma ativa, participou da formação da Uninomade, uma importante rede europeia de pesquisadores e militantes políticos. É autor de numerosos ensaios e fundador da revista italiana *Qui e Ora* [Aqui e Agora]. Publicou os livros *Movimenti dell'Ingovernabile: dai controvertici alle lotte metropolitane* (2007, Ombre Corte), *Um piano nas barricadas: por uma história da Autonomia, Itália 1970* (2012, primeira edição DeriveApprodi; e 2019, edição brasileira, GLAC e n-1 edições) e *Não existe revolução infeliz: por um comunismo destituinte* (2017, primeira edição DeriveApprodi; 2024, edição brasileira, GLAC e n-1 edições). No Brasil, além das publicações citadas, foram editados em 2023 dois curtos ensaios de sua autoria pela Sobinfluencia edições: *O partido de Kafka* (2020, primeira edição Revista Pólemos n. 1) e *20 Teses sobre a subversão da metrópole* (2007, primeira edição coletivo Plan B Bureau).

NÃO EXISTE REVOLUÇÃO INFELIZ:
POR UM COMUNISMO DESTITUINTE
Marcello Tarì

AUTOR   Marcello Tarì
TRADUÇÃO   Andrea Piazzaroli
EDIÇÃO   Leonardo Araujo Beserra
PROJETO GRÁFICO CAPA   Leonardo Araujo Beserra
PROJETO GRÁFICO DE MIOLO   Namibia Chroma Estúdio
DIAGRAMAÇÃO   Leonardo Araujo Beserra
COEDIÇÃO E PREPARAÇÃO   Ana Godoy
REVISÃO   Fernanda Mello

COORDENAÇÃO EDITORIAL
GLAC edições   Leonardo Araujo Beserra e Juan Rodrigues
n-1 edições   Peter Pál Pelbart e Ricardo Muniz Fernandes

© Marcello Tarì, 2017
© DeriveApprodi, Roma, 2017
TÍTULO ORIGINAL   *Non esiste la rivoluzione infelice — Il comunismo della destituzione*

© GLAC edições, abril de 2024 | ISBN 978-65-86598-27-8
praça dom josé gaspar, 76, conj. 83, edifício biblioteca, centro,
são paulo — sp, 01047-010 | glacedicoes@gmail.com

© n-1 edições, abril de 2024 | ISBN 978-65-6119-009-1
galeria metrópole, 3º andar, loja 8 | av. são luís, 187 — república,
são paulo — sp, 01046-001 | oi@n-1edicoes.org

Dados Internacionais de Catalogação na Publicação (CIP)
de acordo com ISBD

T6n   Tarì, Marcello

Não existe revolução infeliz: por um comunismo destituinte / Marcello Tarì ; traduzido por Andrea Piazzaroli. - São Paulo : GLAC edições; n-1 edições, 2024.
200 p. ; 12cm x 19cm..

Tradução de: Non esiste la rivoluzione infelice — Il comunismo dela destituzione.

Inclui anexo.
ISBN: 978-65-86598-27-8 — (GLAC edições)
ISBN: 978-65-6119-009-1 — (N-1 edições)

2024-1024   1. Ciências políticas. 2. Comunismo. 3. Itália. 4. Revolta popular. I. Piazzaroli, Andrea. II. Título.

CDD 320
CDU 32

Elaborado por Odilio Hilario Moreira Junior - CRB-8/9949

Índice para catálogo sistemático:
1. Ciências políticas 320
2. Ciências políticas 32

Este livro foi impresso nos papéis Avena 80gr (miolo) e Supremo LD 250gr (capa), nas fontes das famílias Arial e Times New Roman, em maio de 2024 pela Gráfica Graphium.

#SujeitoInconfessável

Segurar um livro pode parecer prazeroso, mas, no caso dos inconfessáveis, a materialidade das páginas e da capa competem com a densidade dos textos que recebem. Uma lixa que, com o tempo, torna ásperas as mãos de quem se deixa levar pelas linhas de uma história de luta e resistência, fazendo do corpo um meio de realização de uma utopia cada vez mais latente e desejada, principalmente nos momentos em que a subalternidade faz calar os gritos de guerra, as canções de trabalho e as articulações de subversão. As barricadas podem e devem ser muitas, suas funções variadas, suas potências díspares, suas articulações comunais, suas visibilidades camufladas, como é o ímpeto da revolta: um dragão-de-komodo armado que dança alegremente!

A REVOLUÇÃO NÃO SERÁ DEMOCRÁTICA !